東大教養学部が教える
考える力の鍛え方

宮澤正憲

JN073425

SB新書
658

本書は、小社より2017年9月に刊行された
『東大教養学部「考える力」の教室』を改題の上、
再編集したものです。

1時限目

「考える力」とは何か？

――過去を学んでも、新しいものはつくれない――

「学び」と「考える」の違い

東大生の抱えるジレンマ

ようこそ、「考える力を鍛える教室」へ。

はじめまして。東京大学教養学部教養教育高度化機構の宮澤正憲です。

今日はみなさんに、「考える力」について、お伝えしていきたいと思います。

まず、私から1つ、質問をさせてください。

みなさんは、「正解のある問い」に1人で挑むのは得意ですか？

国語でも数学でも、テストには必ず「正解」が存在していましたよね。

受験を経験したことのある人であれば、「問い」に対して、速く、正しく、効率よく答える能力が大切と教わってきたはずですよね。

では、「正解のない問い」に答えるのはどうでしょう。

そもそも正解のない問いに、どうやって答えるか、頭の中に「？」が浮かんだのではないでしょうか。

社会に出ると、答えが1つと決まっていて、正解に答えられれば合格、という場面はほとんどありません。99％の仕事は、正解のない問いにみんなで挑むスタイルで進めているはずです。

想像してみてください。

新しく立ち上げるプロジェクトが成功するかどうかは、社長や上司も含め、誰にもわかりませんよね。また、Aさんとうまくいったコミュニケーションが、Bさんにも通用するかだって、やってみないとわかりません。

仕事の現場は、「正解のない問い」にあふれているのです。

しかも、「1人で成立する仕事」が極めて少ないのが実情です。

新規プロジェクトを成功に導くためには、企画、開発、流通、営業、宣伝などさまざまな立場の人間が力を合わせる必要があります。相性のよい人ばかりではありません。苦手な人ともうまくやっていかなければなりません。

つまり、仕事とは、「『正解のない問い』に『共に挑む』」ことが常に求められているのです。

「最近の若い社員はすぐに『僕は何をしたらいいですか？』と聞いてくる」といった声を聞くことが多いですが、これまでの学校教育を通して「『正解のある問い』に『1人で』挑む」ことばかり求められてきたわけですから、社会に出て困惑するのも当然です。

「改善」するほどいきづまる

実は、「正解のない問い」に答えられないのは、東大生などの限られた人たちばかりではありません。

多くの日本企業も、同じ課題に直面しているのです。

正解のある問いとは、「過去に起こった出来事を学ぶこと」とも言い換えられます。

すでに体系化された知識を獲得するのは、もちろん価値のあることです。

しかし、過去を学ぶだけでは、未来は発想できません。

過去を学ぶ技術と、それを応用する技術は別物だからです。

未来を発想する考え方を学んでいないと、どうしても改善的な発想になりがちです。もちろん改善も重要ですが、まったく新しいものを考えようという際には十分ではありません。すでにあるもの（過去）に学ぶことで、「今あるものを少しよくする」ことはできても、「これまでとまったく違うコンセプトの商品を開発する」「世の中になかった新サービスを生み出す」ことにまでは至れないからです。

また、改善だけだと、同質化を招きやすくなります。

ライバル社と比較して、弱い点を強化しようという発想にどうしても陥ります。当然ながら、ライバル社も同じ動きをするので、改善するほど、自社とライバル社の商品に差異がほとんどなくなるということが起こるのです。

市場が成長している間は、それでも売上は伸びていくでしょう。

しかし、現在の日本のような成熟期の市場では、同質化は命取りです。

A社とB社が、小さな競争をしている間に、ある日突然現れたC社が、まったく新しいコンセプトを提供して、すべての市場を持っていくことになるからです。

「改善はできても、新しいものが生み出せない」

この現状は、私たち大人、ひいては日本が抱える大きなジレンマといえます。

東大生の心を打つ授業とは?

しかし、安心してください。

「正解のない問い」であっても、基本フレームさえ使いこなせれば、考えることができます。新しいものを生み出す考え方のフレームを伝えたい、それが本授業の目的です。

ここで少し自己紹介をさせてください。

私は東京大学で授業を行っていますが、普段は広告会社でクライアントの問題解決にも携わっています。

その中で、いかに独創的なアイデアを出すか、イノベーションを起こすか、魅力的なコンセプトにたどり着くか、そんなことを日々の仕事にしています。このイノベーションを起こすための考えるフレームを、世の中に提供したら、役に立つのではないか、そんな想いを長い間抱いていました。

東大の教養学部から声がかかったのは、ちょうどそんなタイミングです。

彼らも「過去を知る学び」を得意とする東大生に、「新しいものを生み出す思考法」を体系的に学ばせたい、と同じ問題意識を持っていたのです。

こうして生まれたのが「考える力を鍛える教室」、通称「ブランドデザインスタジオ」です。２０１１年の冬のことでした。

反響は、私の想像をはるかに超えるものでした。

1年目は特別プログラムという形で試験的にスタートしたのですが、学内外で一気に評判となり、受講できない学生や他大学からの申し込みが殺到するほどの人気授業になりました。2年目からは正式な単位を取得できる授業として認定をもらいました。

以来13年間で延べ８００名以上の修了生を出し、授業を学生時代のいちばんの思い出に挙げてくれる卒業生も多くいます。卒業後もメンバーで頻繁に集まるという結束力の強さを見ても、授業のインパクトは時間が経っても薄れるどころか、さらに強くなっていると感じます。授業を受けた学生からは、「発想の方法を学んだことなんてなかった！」「社会に出てから、いちばん役に立った授業だ！」という声も多数もらっています。

とはいえ、決して楽な授業ではありません。

一方的な講義だけではなく、チームごとに作業やプレゼンをすることが課されているのですが、それにかける学生たちの熱量と時間は驚くべきものです。

授業参加者は、次の授業に臨むために、途方もない時間を費やしています。中には、徹夜で仕上げてくるチームも少なくありません。そのため学生たちからは、愛をこめて「ブラック授業」と呼ばれているくらいです。

アイデアは才能か

これまでアイデアを考える力は、一部の才能ある人の特権とされてきました。いわゆる、アイデアマンと呼ばれる人です。彼らは経験上、暗黙知で新しいことを考える力があるので、周りの人たちからは、特別な才能があると見なされてしまっているようです。

しかし、アイデアのようなことを考える力とは、天賦の才能で決まってしまうのでしょうか。

もちろんそんなことはありません。

考える力は誰でも訓練すれば向上が可能です。過去に授業やセミナーに参加してもらった大学生をみても、自信がなくてディスカッションで発言できなかったり、頭が固くて面白いアイデアを思いつけなかった学生が、次々と新しいアイデアが出せるようになる変化を数多く見てきました。

また、過去にこの手法を学び実践してもらった乃木坂46のメンバー（当時）もまたこうした思い込みを打破してくれたよい例です。

彼女たちは、東大の授業の一環で実施しているブランドデザインコンテストにおいて、「ガチで」この手法に臨み、全国のトップの学生たちと肩を並べて、素晴らしい企画とプレゼンを行ってくれました。それまで自分たちのアイデアや考えを、自分たちだけでまとめ、ロジカルに発表するような機会はあまりありませんでしたが、思考のフレームを使ってくれたからこそ、自分たちの考えをより魅力的に伝えることができたのです。

「いいアイデア」を考えるのが苦手な人は、ただ単に「考える」ツールやプロセスを知らないだけです。「考える力」を学ぶことで、誰でもアイデアは出せるようになります。だからこそ、大きな可能性があります。**コツをつかむことで、自分でも思いもよらなかった「面白いアイデア」を思いつき、世界を変える発想ができる**かもしれないからです。

伝える・話す・書く——すべての仕事のベースに

私たちは、この考えるための基本フレームを、「リボン思考」と呼んでいます。

詳しくは本文中で紹介しますが、リボン思考を身につけると、新しいものをつくる力や、企画アイデア力だけでなく、人生のあらゆる局面で必要とされる次のような力を鍛えることができます。

伝える力――面接・プレゼン・自己PRの力が上がる！

たとえば、就職活動でよく見るエントリーシートの失敗例は、幕の内弁当のような総花的になんでも伝えようとしたもの。

「リーダーシップがあって、友達がたくさんいて、クリエイティビティがあって……」

自分自身のコンセプトが明確でないために、総花的になってしまうのです。これでは、相手に「どういう人なのか」がまったく伝わりません。

リボン思考を使えば、自分自身の本質を掘り下げ、1つのコンセプトに沿って、ストーリーを描けるようになります。すると、見違えるように、他の人に伝わりやすくなります。

学生だけに限ったことではありません。ビジネスパーソンであっても、簡潔に、わかりやすく、魅力的に自分をアピールする場面は多いでしょう。そういう場面にも、リボン思考のフレームが役に立つのです。

グループで話す力――打ち合わせ・グループディスカッション力が上がる!

授業でリボン思考のプロセスを体験している学生は、グループディスカッションが非常に上手です。

「自分を含めて参加者全員がバランスよく発言できているか?」

「結論までいける時間の使い方ができているか?」

「お互いをつぶし合うコミュニケーションではなく、お互いの意見を重ね合う共創のコミュニケーションになっているか?」

といったことを踏まえた上で、ディスカッションを進められるからです。

一方、このような基本技術を持たないまま、会議や打ち合わせに臨むビジネスパーソンが多いことも指摘しておきましょう。

書く力――論文・レポート・議事録がうまくなる！

研究者にとっても同様です。よい論文は、主張が明確です。目的や結論にオリジナリティを感じます。最後まで読みたいと思わせる、一貫した流れがあります。本質を掘り下げ、1つのストーリーを描くスキルを手に入れられるリボン思考は、研究などの論文作成にも非常に大きな効果を発揮します。ビジネスの現場でも、企画書や提案書を作成する機会がありますが、リボン思考はこういった書く仕事においても、非常に役に立ちます。

リボン思考に少しでも興味を持ってもらえましたか？

では、さっそく「考える力を鍛える教室」に入っていきましょう！

東大教養学部が教える考える力の鍛え方　もくじ

2時限目 インプット――「考える」のは情報収集から始まっている――

3時限目 コンセプト――アイデアの肝を一言で共有する――

4時限目 アウトプット——アイデアを飛躍させ、人の心を動かす——

マインドセット

「考えない頭」をリセット

——固い頭をアイデア脳に変える——

「アイデアとは何か？」を考える

カンニング推奨！　アイデアは徹底的にパクれ

学生の中には、ブレスト（ブレイン・ストーミング）を始めると黙ってしまう人を見かけます。そんな人たちにヒアリングをすると、決まって強烈な固定観念に支配されているのがわかります。

考える力の教室は、試験の勉強とは違います。真逆だといってもいいでしょう。これまでの経験から、「カンニングなんて絶対にダメでしょ」「人のアイデアをパクるなんて、恥ずかしいこと」と思い込んでいる東大生は、大勢います。

そこで私は、授業のたびに、東大生にいつも伝えています。

「カンニング推奨。パクり歓迎。授業では、まずそのルールを守ってください」

すると学生のマインドが切り替わり、のびのびと自由な発想ができるようになっていきます。

1つの例を紹介しましょう。

「『自然』という言葉から思い浮かぶ言葉をチームでたくさん書き出す」というお題を考えてみてください。

いろいろ思い浮かべるものの、30個ほど書き出したところで、ペンが止まってしまう……そんな状況が想像されますね。

そのとき隣にいるメンバーをカンニングしたら、「自然＝たまたま、偶然」という意味で書き出していたらどうでしょう。

「ああ、『自然＝ネイチャー』という意味だけでなく、その切り口があったな」

すると、あなたの出せる答えは広がるはずです。

メンバーからどんどんもらっていい、与えていい――そのことで、かならず、よいアイデアに出会えるはずです。

「アイデアは自分のもの」という呪縛

よく耳にする悩みが、自分の考えやアイデアを出すことへの恐れです。

「つまらないアイデアだと思われたらどうしよう」

「意見を出して、常識がないやつと思われたらイヤだ」

実際、周りの目を気にしすぎて、話し合いの場で発言しない人もたくさんいます。

ここには間違った思い込みがあります。それは、「発言した人が責任をとらないといけない」という思い込み。「考えやアイデアは自分のものだ」という呪縛にとらわれてしまっているのでしょう。

どうしても呪縛から抜けられない人は、こう考えてみてください。

「アイデアとは、自分のものではなく、みんなのものだ」

私たち1人ひとりが持っているのは、実はアイデアのかけらに過ぎません。

まずは、かけらを見える場に出し合うところから始めるべきなのです。アイデアとは最初から完璧な形で現れるのではなく、みんなで、「ああでもない、こうでもない」

と話し合っているうちに、ようやく形になっていくものだからです。

一方で、「せっかくよいアイデアを考え出したのに、自分の手柄にならないのはおかしい」と考える人もいるようです。

これは自分の才能を買いかぶり過ぎだといえるでしょう。というのも、アイデアというのは、1つのテーマを、同じ空間で、仲間と一緒に考えるからこそ生まれるものだからです。自分だけで考えたように感じるかもしれませんが、実はさまざまな外部環境要因が組み合わさったことで、たまたまその人の中に生まれるものなのです。

「考えやアイデアはみんなのものだ」と捉えるだけで、よいアイデアを出さなきゃいけないというプレッシャーから解放されて、学生はどんどんアイデアを出し合えるようになります。

また、「アイデアは自分で出さなくてもいいんだ」という気づきも得られます。

アイデアを考える際、身の回りの誰かに「ねえ、何かよい考えやアイデアない？」と聞きまくっていいのです。親から、友達から、先輩や後輩から、近所の人から……

誰からアイデアをもらってもいいのです。

実際、アイデアを出す仕事を本業にして素晴らしい成果をあげている人の中には、自分自身がアイデアを出すよりも、ブレーンと呼ばれる人たちからよいアイデアを集めるタイプの人もたくさんいます。アイデアを自分で出さなくてはいけないという理由はないのです。

「質は量に比例する」の真実

「千三《せんみ》つ」という言葉をご存じですか。

「1000のうち3つしか本当のことをいわない」というウソつきの意味もありますが、私たちは「1000個のアイデアを出せば、その中に3つくらいはよいアイデアがあるだろう」という意味でよく使います。割合にして、わずか0・3%……それほどまでによいアイデアが生まれる可能性は低いのです。

ですから、大事なのは「**とにかく量を出すこと**」。

10個や20個ならともかく、1000個出すとなれば、何でもアリのルールで挑まなければ達成できません。くだらないアイデア、ＯＫ。突飛なアイデア、ＯＫ。周りの人の協力を仰いでＯＫ。アイデアの質にこだわらず、とにかく量を出します。私の今までの経験でいえば、10個や20個程度で面白いアイデアが出てくる可能性は高くありません。

とはいっても、数を出すのも簡単ではありません。１人でうなっていても、せいぜい１００個、考えるのが限度でしょう。

量を出すのも、コツがあります。

アイデアを考えるときの、「空気づくり」に、工夫をこらすのです。

たとえば、私は会議や打ち合わせではできるだけ「お菓子持ち込みＯＫ！　食べながらのアイデア出し」を推奨しています。根を詰めて厳格に考えても、アイデアの量は増えていかないからです。「くだらなくてもいい、突飛でもいい、とにかくみんなでたくさんアイデアを出そう」というときには、ノリや盛り上がり、楽しさが大事になってきます。

大半の会社や組織では、会議へのお菓子の持ち込みは禁止だと思います。深刻な情報を共有するための会議ならわかりますが、よいアイデアを出し合おうという場なら、お菓子の解禁が空気を和らげる効果を発揮するでしょう。

同様に、「ネクタイを外して会議をする」「肩書きではなく、さん付けで呼び合う」といった工夫も、場のよい雰囲気をつくる上で有効です。

否定しないとアイデアは飛躍する！

「空気づくり」のコツの1つを体感するために、次のコミュニケーションを実験してみましょう。誰かとペアになって行ってください。

「いいえ」と「いいね」で会話する

〈手順〉

「週末の遊びを決める」をテーマに2人で話をしましょう。

はじめは、「いいえ」の会話を体感してみましょう。どんなことがあってもまずお互いの発言を否定してから、「かわりに……」と会話を進めて下さい。

たとえば、「海に行くのなんかいいと思うんだけど……」

「いいえ、寒くて泳げないから、かわりにキャンプにしない?」

「いいえ、道具をそろえるのが面倒だから、かわりに映画にしませんか」

「いいえ、映画館に行くくらいなら、ビデオ借りるのはどう?」といった具合です。

1分間続けてみてください。どんなプランになったでしょうか。


次に、「いいね」の会話を体感してみましょう。今度は、どんなことがあってもお互いの発言を「イイね!」と肯定して受け入れ、「だったら……」と話をつないでみて下さい。

たとえば、「海に行くのなんかいいと思うんだけど……」

「イイね! だったら寒くて泳げなくても浜辺でBBQはできるしね」

「おぉ、イイね! だったらマシュマロ焼くのはどう?」

「イイね！　だったらマシュマロ以外にも、甘いものいっぱい焼いたら楽しそう」

「おぉ、イイね！　せっかくなら甘いものを中心に焼くBBQにしない」

「おぉ、スイーツBBQ大会だね」といった具合です。


いかがでしたか？

「いいえ」で会話をしても、お互いが考えていること以上にアイデアが広がりません。グルグルと同じところを回っている感覚に陥ると思います。これは代替案を出したとしても、お互いの知っている範囲から考えが広がらないからです。しかし「いいね！」で相手の意見に乗っかっていくと、自分たちの想像もしなかった話に展開し、その結果、思ってもいなかったようなプランが出来上がっていく可能性があります。

私たちは、無意識に「いいえ」のコミュニケーションをしてしまいがちです。

「言っていることはたしかにわかるんだけど……」

「まあ、それはそれとして……」

「現実的には難しいかもしれないが……」

など、さまざまな言い回しの「いいえ」が会話の中にあふれています。

けれども、「いいね！」という小さなコツを身につけて相手の意見に乗るだけで、思いもしなかったよい考えが生まれる可能性があるのです。

この世にまったく新しいアイデアはない

「アイデアとは既存の要素の新しい組み合わせ以外の何ものでもない」


これは、ジェームス・W・ヤング（1886〜1973）というアメリカの広告マンが書いた古典的名著『アイデアのつくり方』の中の有名な一節です。

この考え方は、リボン思考の中でも基本的な考え方として取り入れています。

アイデアを組み合わせるには、もととなる知識が必要です。だから、知識量はあればあるほどいいのです。

ただし、単に知識があるだけではダメで、一見関係ないと思われる知識を組み合わせる力が必要です。前にもお話ししましたが、アイデアマンと呼ばれる人たちは、「一見関係なさそうな要素を組み合わせる」という作業が自然とできてしまう人たちなのです。

「既存の要素を新しい1つの組み合わせに導く才能は、事物の関連性をみつけ出す才能に依存するところが大きい」

ヤングはこのようにもいっています。

また、ビジネス用語として「イノベーション」という言葉を耳にしない日はありません。「innovation」という言葉は、経営学者のピーター・ドラッカー（1909～2005）が著書の中で使用したことで、ビジネスの世界に広まりました。日本では「技術革新」と訳されることが多いのですが、もともとは、ヨーゼフ・シュンペーター（1883～1950）という経済学者が著書『経済発展の理論』（1912）の中で述べた「neue Kombination＝新結合」という言葉が原義となっているのです。つまりイノベーションとは、新しいことの結合であるというのがもともとなのです。言葉こそ違いますが、シュンペーターもジェームス・W・ヤングと同じように「新しい組み合わせ」を見つけることがアイデアであると説いていたわけです。

では、「一見関係なさそうな要素を組み合わせる」という作業には、センスが必要なのでしょうか？

もちろんある程度センスに依存するところもありますが、ルールや仕組みをうまく設定すれば、誰でもできます。

組み合わせる思考は、何度か経験していくうちに習慣化してくるからです。

そのことを体験してもらうために、授業では「強制発想法」をよく使います。

その中の1つが、しりとりを活用した強制発想法です。

たとえば、新しい自動車のアイデアを考えるとします。まず、自由にしりとりをしてみます。「自動車→シャワー→アヒル→ルビー→イカ……」などと適当に続けます。

その上で、改めて「自動車×アヒル」で考えてみます。

「アヒルは水の中で泳ぐから……水陸両用の車なんてどうだろう」

「アヒルは優雅に泳いでいるように見えるけど、水面の下で足をバタバタさせているな……サスペンションのまわりに機能を集約して、目に見える部分はスッキリさせた車があったらどうかな」

などと考えてみるのです。自動車×シャワー、自動車×ルビー、自動車×イカ……他にもいろいろ考えられます。

自動車とこういった要素の組み合わせは、普段はなかなか考えつきません。けれども、しりとりという仕組みを使ってしまえば、簡単にできてしまいます。その偶然によって、今まで誰も思いつかなかったような素晴らしいアイデアが誕生する可能性があるのです。

オリジナルは型にはまっては生まれない

最初に断っておきますが、新しいことを考えるためにはそもそも決まった方法論はありません。型にはまった瞬間に、新しい考え方は出てこないからです。

「新しいアイデア」を出すためには、決まったプロセスに沿って物事を考えるのではなく、常に「考え方を考える」という姿勢がもっとも大事なのです。**新しい考え方のプロセスが創造できれば、生まれてくる考え方も当然、新しくなります。**

では、なぜ考え方のフレームやプロセス、リボン思考を学ぶ必要があるのか？

そう疑問に思われるかもしれません。それは、まったく型がないと、考える際にも、どこから手をつけていいかわからなくなってしまうからです。そのため、リボン思考は、インプット、コンセプト、アウトプットという思考の3ステップで構成しています。

事実について考える（インプット）

↓

解釈について考える（コンセプト）

↓

解決策について考える（アウトプット）

これらの3ステップは、「新しいことを考える」ための基本の型として、リボン思考という3段階の流れに沿って、あえて紹介しています。それぞれの段階において、「考え方を考える」ことが求められるわけですが、ただ段階ごとに考える目的が異なるため、少しずつ視点や考える行為も異なってきます。

これらのステップを常に頭の中で意識することで、今まで漠然と考えていたことが、「どの段階で考えているのか？」が明確になり、これまで以上に「考え方を考える」ことを意識できるようになると思います。それこそが、私がリボン思考を通じて習得してほしい、「考え方創造」のメソッドなのです。

「考える」と聞くとなんだか難しそうに聞こえます。

しかし、考えるとは、1人で眉間にしわを寄せて、決まったフレームをこねくりまわすことではありません。「新しいことを考える」という行為は、自由であり、仲間と楽しめるものなのです。

「考え方を考える」行為は、創造性あふれるクリエイティブな行為です。楽しみながら、ぜひ新しい考え方自体を自由に考えてみてください。

2時限目

インプット

——「考える」のは情報収集から始まっている——

「何を、どう集めるか？」を考える

料理をイメージしてみる

新しいものを考え出すプロセスは魅力的な料理をつくるプロセスに似ています。

その中でも特に重要なのは、良質なインプットです。インプットは、料理でいえば素材にあたります。よい素材を集められれば、調理や演出にあまり手をかけなくても、美味しい料理になります。それとまったく同じことです。

ここで覚えておいてほしいのは、素材の「集め方」自体がクリエイティブであってほしいということ。

「何を集めるか？　どう集めるか？」という段階から楽しいアイデアを盛り込んでいくと、独創的なアウトプットにつながる可能性が高くなります。

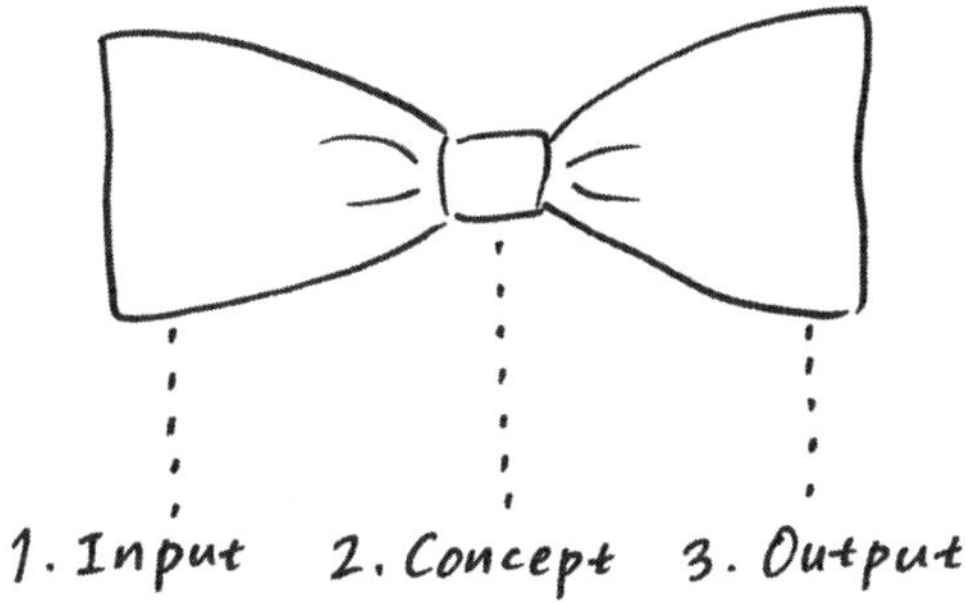
1. Input
2. Concept
3. Output

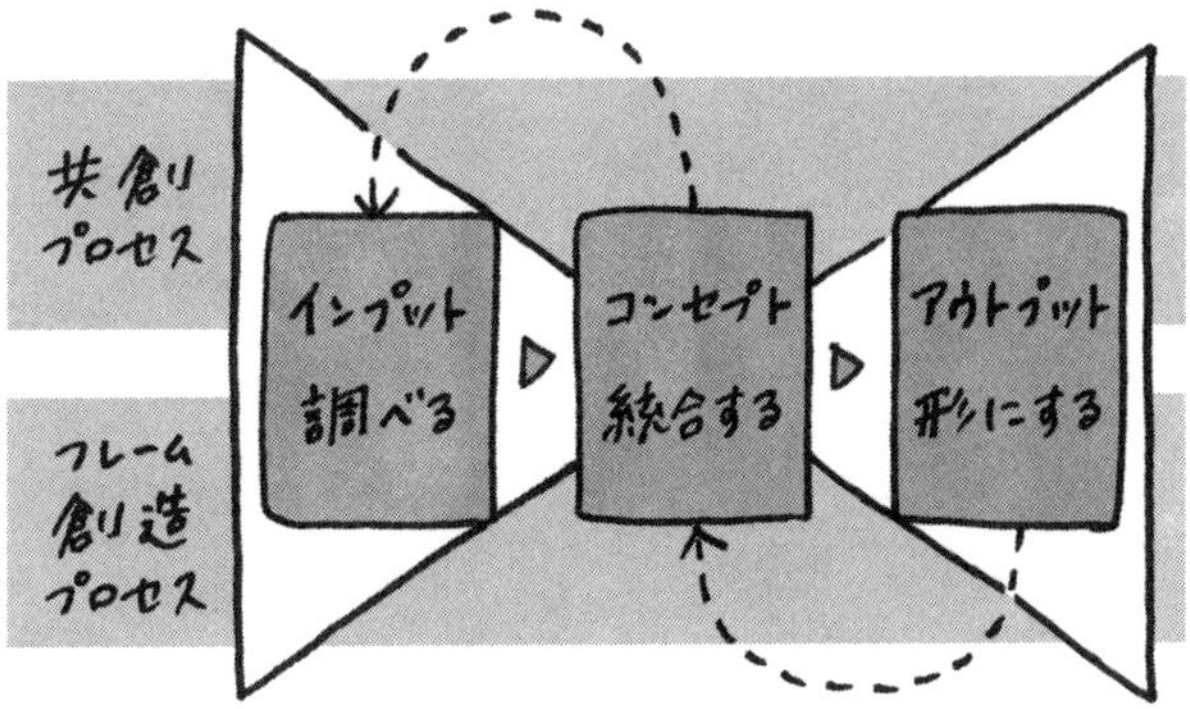
共創プロセス
フレーム創造プロセス
インプット
調べる
コンセプト
統合する
アウトプット
形にする

リボン思考とは何か？

新しいことを考えるためには、まずは、広く、深く、たくさんの素材を集めましょう。その上で、徐々に絞り込んでいきましょう。

漫然と調べてはいけない

新しいことを「考える」の最初のステップは、情報収集（インプット）から始めます。インプットでは、次の2つのことを考えることからスタートします。

テーマを決める（料理でいえば「メニュー」を決める）
情報を収集する（料理でいえば「よい素材」を探す）

魅力的な料理をつくるには、まずは何をつくるかを決めて、それに合わせた素材集めからはじめると思います。よい素材が手に入ってしまえば、あまり手をかけずともそれだけで十分美味しいものに仕上がります。魅力的なアイデアにも似たところがあるのです。

では、インプットではどこから手をつけるべきでしょうか？

それは、前述の料理に対応させてみると、そもそも何を調べるか？　どうやって調べるか？　の2つです。

ここでは、過去に扱ったテーマである「旬に関する新しい商品やサービスを考える」という題材を例に、インプットでは何をするべきなのかを考えてみます。

「そもそも何を調べるか？」

まず、「旬」に関して何を調べるか、といってもさまざまな切り口が考えられます。

ざっと思い浮かぶ限りでも……

「旬って、そもそも何だろう？」

「旬にはどんな種類があるのだろう？」

「旬は、なぜよいのだろう？」

「人はどのくらい旬を大切にするのだろう？」

「『よい句』『悪い句』ってあるのだろうか?」

「『句のプロ』っているのだろうか?」

「『句に似ているもの』って何だろう?」

「『句の定義』は時代によって変わるのか?」

……といったことです。

[どうやって調べるかを考える]

次に、何を調べるかに対応した調査方法を考えます。

たとえば、「句って、そもそも何だろう?」について調べるには、たとえば次のようなものがあります(調査の手法の紹介については96ページへ)。

【デスクリサーチ】……「句」の辞書的定義を調べたり、「句」の語源をネットを使って探索する

【定性調査】……周りの人たちに「あなたは『句』と聞いて、どのようなことを思い

浮かべますか？」と訊いてみる
【定量調査】……まとまった人数に対してアンケートを実施してみる。ただ定量調査でも質問を工夫すれば答えが変わる。たとえば、「『旬』を色にたとえると、何色だと思いますか？」と訊いてみる

この他にもいろいろ考えられます。
たとえば、「『旬のプロ』っているのだろうか？」から発展させて「『旬の専門家』は何を考えているんだろう？」について調べてみます。
【定性調査】……社会学者など「旬」に詳しい学識者に取材する
【定性調査】……違う対象にアプローチ。農家へのインタビューやフードコーディネーターへのインタビューを行う
【定量調査】……「とにかく旬にこだわる人」を対象にアンケートをとる

いかがでしたか？

ここで伝えたかったことは、

「何を調べるかにはいくつもの選択肢がある」

「どうやって調べるかにもいくつもの選択肢がある」

ということです。

「何を問うか？」を考える

「問う力」ですべてが決まる

普段、新しい考えやアイデアを生み出す過程で、あなたは「何を調べようか？」「どうやって調べようか？」という「問い」を深く掘り下げてきたでしょうか？　あまり何も考えずに、いつものやり方、同じやり方で何気なく決めていませんか？

「問い」の内容によって、調べる内容や対象も異なります。凡庸な「問い」からは、凡庸な発見しか生まれません。ここは非常に大切な部分です。

また、私たちは「必要なものを相手に直接聞く」という愚を犯しがちです。

ところが、相手に欲しいものを直接聞いたところで、つまらない答えしか返ってきません。なぜなら、本当によいものは、聞かれた本人も気づいていない深層心理の部分に眠っているからです。


ハーバード大学名誉教授のジェラルド・ザルトマン博士は、無意識の重要性についてこんな言葉を残しています。


「人間は、自分自身の意識の5％しか認識していない。

そして、残る95％のほうが我々の行動に関係している」


相手にニーズを直接聞いても、聞かれた本人は答えを持っていません。

逆にいえば、言語化できない無意識領域に迫る調査は、素晴らしい情報収集の機会となります。私の経験では、新しいことを考える際に、意識領域のすぐ下にある無意識領域は「宝の山」です。

だからこそ、大事なのは、**インプット時の「問い」**です。相手の意識領域を引き出すありきたりの「問い」ではなく、今まで言語化できなかった無意識領域を引き出す新しい「問い」を立てたいのです。


「知っているつもりだけど実は知らないことはないか？」

「あたりまえのように使っているけれど、他の人たちにとってはどうなのか？」

「いつも同じ方法で調べてわかった気になっていないか？」

「いつも同じ人に聞いていないか？」

「今までにやったことのない方法で調べられないか？」

今までのやり方を疑い、調査方法を〝発明〟するつもりで臨みたいのです。

問いは、あなたの知らない世界に導いてくれる

物事を考える最初の段階で「問い」が重要なのにはもう1つ理由があります。何か新しいことを調べる際には常に次の3つの領域を意識する必要があります。

既知の知：既に知っている領域や事柄
既知の未知：知らないことを知っている領域や事柄
未知の未知：知らないことすら知らない領域や事柄

既に知っている領域は、基本的には調べなくても大丈夫な領域ですが、もしかするとあなたが知っている既存の知識が間違っている可能性があるかもしれません。もし既存の常識を覆すような発見が見つかればもちろんそれは大きな発見です。

知らないことを知っている領域や事柄は、まず調べたくなる領域です。知らないことを知っているので調べるのが比較的容易です。

さて、最後の知らないことすら知らない領域が一番やっかいです。何しろ知らないことを知らないので、そもそも何を調べたらいいかも思いつきません。でも、この領域こそ新しい発見が潜んでいる可能性が高いのです。まだ見ぬ未知の領域だからこそ情報の宝の山の可能性が高いのですが、どう調べていいかがわかりません。

そこで威力を発揮するのが「問い」なのです。問いは答えがすぐに見つかる必要がないので、投げかけだけですみます。

森の向こうに何かあるかないかがわからなくても、

「あの森の向こうには何かあるのだろうか？」

という問いを投げかけることができます。すると、

「森の向こうを見る方法は何かあるのだろうか？」

という次の問いが生まれていきます。こうして良質な問いを投げかけることができれば、それによって新しい思考が動き出し、さらに次の思考につながっていくのです。

だからこそ、何かモノを考える時には、最初にちょっと立ち止まって、その領域のことだけを考えていいのか、自分の知らない領域はないのか、を考えてみることが重要なのです。

インプットが変われば、アウトプットは変わる

入り口の問いの重要性について例を挙げて考えてみましょう。

授業では、常にいくつかのチームにわかれて1つのテーマに取り組みます。

あるとき、授業で「京王井の頭線の新しいサービスを考えてプレゼンしよう」というテーマに取り組んだことがありました。京王井の頭線とは東京の西側、渋谷駅と吉祥寺駅とを結ぶ全長12・7キロの私鉄です。東大の教養学部がある「駒場東大前駅」も、井の頭線の駅の1つです。

あるチーム（仮にAチーム）は、「井の頭線の車両の中で使いにくいところを探してみたら、何か発見があるんじゃないか？」という問いを設定しました。そして、メンバーで井の頭線に乗車し、不便なところを探すという方法を採用。調査をもとに、井の頭線の使い勝手をよくするアイデアを提案しました。

あるチーム（仮にBチーム）は、すぐに井の頭線を調査せずに、まず立ち止まって考えました。

「そもそも新しい鉄道のサービスを考える時に、その鉄道に乗って考えていいのだろうか」

という問いからスタートしたのです。その問いは「井の頭線は、鉄道以外で何か似ているものはないのだろうか」という新たな問いに発展しました。そんな問いを抱えながら、鉄道路線図を眺めているうちに、あることを発見しました。渋谷と吉祥寺という若者に人気の2つの街を結んでいるのにもかかわらず、他の路線などに見られる相互乗り入れなどもなく、渋谷も吉祥寺も完全に終点となっていることです。その様子を「まるで渋谷が表玄関で、吉祥寺が裏玄関のようだった」と彼らはいいました。「表玄関と裏玄関があって、にぎわっているところってどこだろう?」と、彼らはさらに考えを発展させていき、「それはショッピングモールじゃないか」という結論に至りました。

そして、鉄道の調査ではなく、ショッピングモールの徹底観察を行い、「井の頭線を1つの〝ショッピングモール〟として楽しめたら面白い」という企画を出してきたのです。

・渋谷にも、吉祥寺にも、途中駅の下北沢にも自由に昇降できる1日パス
・駅界隈のお店で買い物や食事ができる共通スタンプがもらえる
・園内マップを配布する

といったアイデアです。

「ショッピングモール」の中では、井の頭線の車両は「巨大ベンチ」に見たてました。ちょっと座って休み、立ち上がり、「さて、次のお店に行こうかな」というときに使うベンチ……たまたま動いているだけで、休憩場所という位置付けなのです。

Aチームと Bチーム。どちらかが正しくて、どちらかが間違っているわけではありません。けれども、面白いアウトプットだなあと感じたのは、Bチームの方です。

Bチームが面白いアウトプットを導いた最大の勝因は、**「面白い問いを立てて、面白いインプットをした」**ことに尽きます。彼らは、「電車の新サービスを考えよう」

というテーマが出たときに、あえて「電車に乗らなかった」のです。従来とは視点を変えたことが、本人たちも驚くようなアウトプットにつながりました。

「何を調べるか？」「どう調べるか？」をクリエイティブに。

インプットの視点が面白ければ、アウトプットも面白くなる実例だと思います。

世界ナンバーワン・コーチの質問力

問いの大切さについて、もう少し掘り下げてみましょう。

世界ナンバーワンのコーチと呼ばれる、アンソニー・ロビンスという人がいます。ビル・クリントン元大統領をはじめ、世界的投資家のジョージ・ソロス、俳優のアンソニー・ホプキンス、元プロテニスプレーヤーのアンドレ・アガシなど、錚々《そうそう》たる人物が彼のコーチングを受けています。アンソニー・ロビンスは、こういいます。

「私たちが得る答えは、私たちが何を質問するかによって決まります。つまり、どれだけ素晴らしい答えを得る質問をするかどうかなのです」

この言葉は、問い（インプット）と、答え（アウトプット）との関係性を端的に表しています。また、テニスコーチの草わけ的存在であるティモシー・ガルウェイは、「球をよく見ろ」と教える代わりに、こんな問いを投げかけました。

「ネットを越える瞬間、ボールの回転はどうなっている？」

この質問のおかげで、選手はまずボールを見ることだけに集中できるようになりました。さらに、実際に回転がどうなっているのか、自発的に練習に取り組むようになりました。素晴らしいたった1つの「問い」が、選手の素晴らしいアウトプットを引き出した典型例といえるでしょう。

古代ギリシャの哲学者ソクラテスが、真理に目覚めさせるために用いた対話法のことを「哲学的問答法」と呼びます。日本でも「禅問答」はまさに「問い」の連続によって成り立っていますよね。世界の発明王エジソンは、子供の頃から「なぜ？　どうして？」を繰り返していました。

素晴らしい「問い」には、自分の枠組みや固定観念を打破する力があります。

「問い」を重要視する――これはこの授業の特長の1つだといえるでしょう。

「問い」には4つの種類がある

では、クリエイティブな「問い」とはいったいどうすればできるでしょうか？

ここでは、「隣の人を深く知る」というシチュエーションを想定しながら、まず最初に質問の種類を確認しておきましょう。質問は、次の4つに大別できます。

①クローズド・クエスチョン……YES／NOで答えられる質問

「東京出身ですか？」

「兄弟はいますか？」

「お酒は好きですか？」

「怒りっぽい方ですか？」

②リミテッド・クエスチョン……想定範囲内の答えで答えられる質問

「好きな場所はどこですか？」

「出身はどこですか？」

「どのような家族構成ですか？」

「よく飲むお酒はなんですか？」

③オープン・クエスチョン……自由に回答できる質問

「他の人から何といわれることが多いですか？」

「何をしているときがいちばん幸せですか？」

「今までの人生でいちばん心が震えた出来事はなんですか？」

「座右の銘を自分でつくるとしたら？」

④リピート・クエスチョン……さらに深掘りする質問

「好きな場所はどこですか?↓それはなぜですか?」
「何をしているときがいちばん幸せですか?↓それはなぜですか?」

クローズド・クエスチョンよりもリミテッド・クエスチョンのほうが、そしてオープン・クエスチョンのほうが、より相手に答えを考えさせます。

クローズド・クエスチョンは、相手の意思を確認するとき、具体的な仮説を検証するとき、内容を収束するとき、何かを決定するときには有効なのですが、情報探索の段階では効果が限られるといえます。クローズド・クエスチョンを中心とした日常会話の延長で質問をすると、根本的な掘り下げが足りなくなる可能性があります。

そのためインプットにおける問いの原則はオープン・クエスチョンです。回答者側が自由に回答できるため、何が返ってくるかがわかりません。これこそ「知らないことを知らない領域」に近づける可能性がある質問だからです。よいオープン・クエスチョンが設定できると、聞いた側が想定していない、新しい発見に出会える可能性があるのです。

また、よい素材発見のためには、リピート・クエスチョンで意識的に掘り下げをすることも大切です。1つの回答について「それはなぜですか？」という追求を繰り返し、回答の奥へと進んでいくと、行動に隠された、回答者自身も気づいていない深層の世界にたどり着くことがあります。単純な質問でも「なぜ？」を繰り返す。それだけで思考を深掘りできるでしょう。


ちなみに、相手に考えてもらうのに有効なリピート・クエスチョンですが、聞き方を使いわけることでさまざまな効果を期待できます。

・深掘りしたいなら
「なぜですか？」

「どうしてですか？」

「どういう意味ですか？」

「もう少しかみくだいて教えてもらえますか？」

・広げたいなら

「他にはありますか？」

「それ以外で何かありますか？」

「言い残したことなどあればおっしゃっていただけますか？」

・進展させるには

「それで、どうするのがよさそうですか？」

「本当はどうなるといいですか？」

「何の制約もなければどうしたいですか？」


オープン・クエスチョンを聞いた後に「なぜ？」「他には？」「それで、どうする？」を重ねることによって、回答をさらに深掘りしたり、広げたり、進展させることができるのです。

「どう調べるか？」を考える

驚くべき発見は「検証」より「探索」

何を問うかが、料理にたとえるならば「そもそも何の料理をつくるのか」に対応しているとすると、次に考えるべき「どうやって調べるか？」は、「どこで食材を調達するか？」にあたります。

食材の入手方法がいろいろあるのと同様、調べ方もさまざまな方法があります。「スーパーマーケットで買う→手軽にネット検索」「冷蔵庫の残り物を使う→人に聞く前に自問自答する」「市場で仕入れる→図書館で専門書を使う」「食料専門店で買う→専門家にヒアリングする」「自家栽培する→オリジナル調査をする」といったように置き換えてみると、イメージがわかりやすいでしょう。

ネットを使った検索は多くの情報をすぐに調べることができるので便利ですが、手軽な分、情報としての希少性はありません。すぐにネットで検索して終わりといった、誰もが思いつくような方法ではなく、調査自体にオリジナリティを持たせることで、アウトプットのオリジナリティを一気に高めることができるのです。

また、調査の目的についても、わけて考えることができます。

調査とは、目的別に2つに大別できます。

①探索型調査……テーマに関する思わぬ気づきを得るための調査
②検証型調査……仮説が合っているか確かめるための調査

②の検証型は、「80歳以上の高齢者でも4人に1人くらいはスマホを使っているように感じるが、実際はどうなのだろう?」という仮説に対して、80歳以上の男女100人にリサーチしてみるという方法です。自分たちの仮説が合っているかどうかが

わかります。同時に、答え合わせのプロセスをたどるので、自分たちが思いも寄らなかった気づきを得ることはあまりありません。わかっていることの確認の調査です。

それに対して、①の探索型は、「自分たちを驚かせること、意外だなと感じること、今まで考えたことがなかったがたしかにそうだと納得できることはないか？」というスタンスで調査をします。気づき、発見の度合いが大きければ大きいほど、よい素材といえますから、アイデアの種を探すという点においては、①の探索型のほうがより重要です。

では、どうやって調べるか？　――定量・定性・デスクリサーチ――

実際の調査の方法についても代表的なものを3つ挙げておきましょう。

Aデスクリサーチ……文献・書籍や既存資料、インターネットなどを活用した情報収集と分析

B定量調査……量的なデータを扱う。主にアンケート調査で集められた（多数の）データを数値化し、グラフ等に表現して分析

C定性調査……質的なデータを扱う。調査対象者の発言や行動等、数値化できない情報の収集を目的とした調査

ここでは、A、B、Cの調査を、探索目的別にわけて解説しましょう。

【探索型×デスクリサーチ】

探索型のデスクリサーチは、基礎情報収集です。つまり「まずは広く多様な情報に接し、手がかりを得る」といった目的で行います。

インターネットで検索すればすぐに何かしらの〝答え〟が得られる今、デスクリサーチの調査自体はごく簡単に行えます。それだけに、どんな情報を集めるかという視点の鋭さや、集めた情報の分析力、自分ならではの解釈力などが問われます。

	①探索型	②検証型
A デスクリサーチ	基礎情報収集	権威付け・裏取り
B 定量調査（アンケート）	インサイト系アンケート調査	受容性評価調査
C 定性調査（観察・聞き取り）	エスノグラフィーリサーチ	フォーカス・グループ・インタビュー

目的とリサーチ方法
代表的な組み合わせの例

新聞・雑誌記事分析、ＳＮＳ・検索エンジントレンド分析、ヒストリー分析など、いずれも探索型のデスクリサーチとして使えます。また、博報堂生活総合研究所では「未来年表」を発行していますが、こうしたものも基礎情報を収集するのに有効です。

＊「未来年表」https://seikatsusoken.jp/futuretimeline/

最近では生成型ＡＩや対話型ＡＩを活用した検索も効果的です。ただし、通常の検索と同様で漠然とキーワードを入れて検索するのではなく、ユニークなプロンプト（ユーザーが入力する指示文）を考えたり、何度も対話を繰り返しながら、独自の視点を出すことが重要となります。

【探索型×定量調査】

探索型の定量調査は「実態はどうなっているのか、テーマに対する〝勘所〟を定量的につかむ」といった目的で行います。

定量調査では「全体の○％が利用」など全体像を量的に把握することが可能です。「インターネット調査」「集合調査」「ビッグデータ解析」などの手法があります。

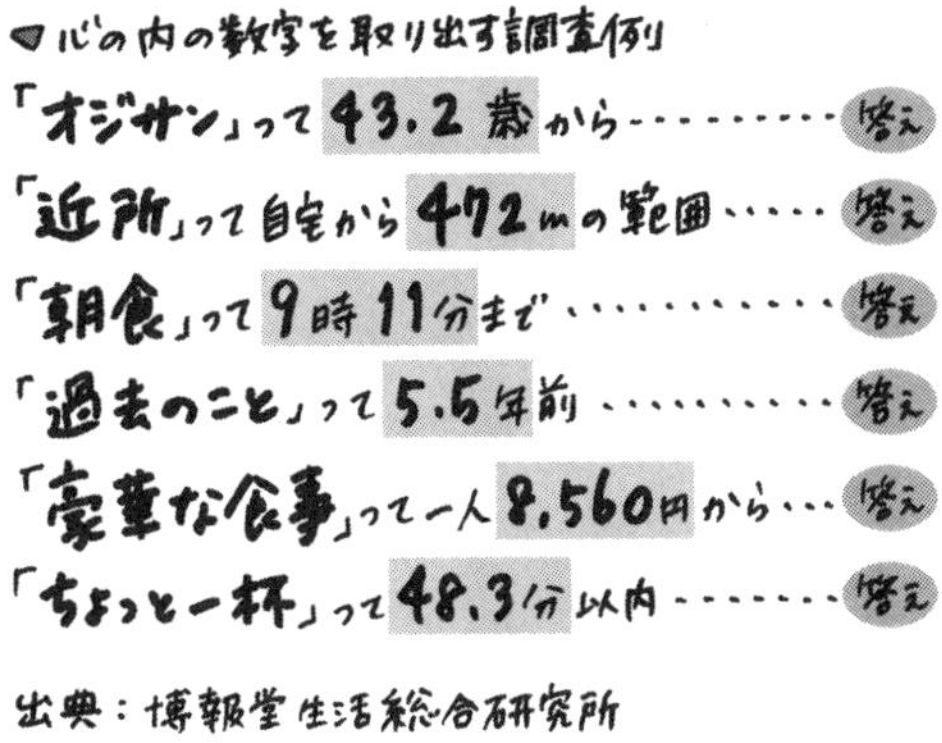
▼心の内の数字を取り出す調査例
「オジサン」って43.2歳から……答え
「近所」って自宅から472mの範囲……答え
「朝食」って9時11分まで……答え
「過去のこと」って5.5年前……答え
「豪華な食事」って一人8,560円から……答え
「ちょっと一杯」って48.3分以内……答え
出典：博報堂生活総合研究所

調査によるインサイト探索の例

探索型の定量調査では、思わぬ発見をすることが目的なので、一般的な選択式の回答より、オープン・アンサー形式（質問に対して回答者が自由に文章や単語で記入できる）がより効果を発揮します。

たとえば、「『平和』と聞いて思い浮かぶことをそれぞれ自由に書いてください」といったように、実体のない概念について自由に答えてもらうと、日頃は意識していなかった無意識の本音（インサイト）を得ることができます。

また、オープン・アンサー形式でなく、数字や固有名詞で答えてもらう形式の場合も、質問内容をひとひねりすると面白い結果を得られる可能性が高くなります。

【探索型×定性調査】

探索型の定性調査は「人の行動や意識、その場で起きていること、さまざまな関連事象までを洗い出し、仮説そのものを発見する」ことを目的とします。そのため、事前に仮説を立てずに、思い込みを排除して、調査を始めることが非常に重要です。

定性調査は、対象者の生の反応を見たり、回答の背景にある文脈などを考察するのに適しています。「グループインタビュー」や、相手の考えを深掘りする「デプスインタビュー」などが従来からありますが、最近のビジネス界ですっかり定着したのが「ビジネス・エスノグラフィー」です。

社会学や文化人類学において行われてきた、参与観察やインタビューによるフィールドワークと記録のしかたが「エスノグラフィー」と呼ばれるもので、対象である部族や民族の文化的特徴や日常の行動様式を、言葉に頼らず、詳細に記述する方法として使われてきました。

・対象者の生活文脈に没入し、その人を人として全体的に理解する
・話されたことだけでなく、観察によって得られる総合的な情報に注意を払う

といった形で、五感を駆使して、聞く、見る、体感することが「エスノグラフィー」の特徴です。この手法をビジネス領域、とくに商品やサービス開発領域に応用したのが「ビジネス・エスノグラフィー」です。あえて事前に仮説を立てず、顧客の行動から意識、関連事象を広く洗い出すことによって仮説そのものを発見していく「仮説発見型の調査」の代表例といえます。

「平均」よりも「極端」を大切にせよ

一般的な調査をする場合、サンプル数を気にすることが多いのではないでしょうか。しかし探索型の調査では、検証型の調査とは異なり、「サンプル数の多さ」は大

きな問題ではありません。極端な話、たった1サンプルでも「面白そうだな」と思えることが見つかればいいのです。

検証型調査はそれとは逆に〝裏取り〟をする、つまり「多くの人がそうである」という証拠を集めるのが目的です。正規分布は山なりの形をしていて、山の真ん中付近に大多数の「平均的なユーザー」、山の両端にごく少数の「極端なユーザー」がいます。通常の統計的な調査は、検証を目的として行われるため、「平均的なユーザーは何人いるのか？　彼らにきちんと調査したのか？」ということが求められます。

たしかに平均的なユーザーが何人いるかは大切かもしれませんが、探索型調査で平均的なユーザーに話を聞いても、正直面白い発見は少ないでしょう。

それよりも両端にいる極端なユーザーに話を聞いたほうが絶対に面白いのです。

前述の井の頭線について話を聞く場合で考えてみましょう。

「朝と夕方に通勤・通学で乗ります」という人が平均的なユーザーだとしたら、「1日4～5回以上は井の頭線に乗っていますね」とか、「家の目の前が駅なのですが、まったく井の頭線には乗りません」という極端なユーザーに話を聞くほうが新しい発見が期待できます。

他のテーマに関しても同様です。

テレビを8台も持っている人がいたら、「なぜそんなにたくさん持っているのですか?」と聞きたくなりませんか。この時代に「スマホは持っていません」という若い人がいたら、「なぜ持っていないのですか?」と聞きたくなりませんか。そこに、面白い宝が眠っている可能性を秘めているのです。

そのような極端な人は、少数派なわけですから、ともすれば「変わったヤツ」などと扱われ、意見を聞いたところで役に立たないと思われてしまいがちです。

しかし、イノベーションの視点から考えると「未来の多数派」になる可能性があるのです。今は1人かもしれないけど、5年後、10年後には1000人、10000人に増えて、もしかすると多数派になるかもしれない貴重な意見だからです。

事実、世の中のイノベーションは、たった1人から始まっています。

その1人をどう見つけてくるかが、よい素材集めになります。料理にたとえるならば、「まだ市場に出回っていない、有名になる前の誰も知らない美味しい牛肉を見つける」という感覚です。
1000人の調査をしても、999は〝捨てて〟もいい。その中に面白そうな1があればいい――。

調査という言葉に対して堅苦しさやつまらなさを感じている人も多いかもしれません。面白いものを探すために自由な発想で取り組めばいいと思えたら、何だか気も楽になるのではないでしょうか。

なぜガリレオだけが地動説を発見できたか

では、どのように「問い方」をクリエイティブにしていけばよいでしょうか？ ここでは具体的に、次のテーマを考えながら、見ていきましょう。

テーマ：新しいおやつを考えよう

「何を（調査目的）／誰に（調査対象）／どのように（調査方法）」を考えてみよう

おやつは、身近で親しみのあるものなので、考えやすい題材といえるでしょう。よく授業で取り組むテーマの1つです。

ポイントは、「お菓子」ではなく「おやつ」という点です。

おやつの語源は、「八つ時（午後1～3時頃）」にあります。このあたりの時間帯に小腹が空いて食べる行為、あるいは食べるものを「おやつ」と呼ぶようになったそうです。

あるチームは、こんなふうに考えてきました。

・何を（調査目的）……おやつと非おやつの境目を知りたい！
・誰に（調査対象）……大学生（10名）＆社会人（10名）
・どのように（調査方法）……おやつとそうでないものをカードで分類してもらう

境界線ぎりぎりのところに面白いものがあるんじゃないかという発想は、何か新しいものを考えるときによく使われ、かつ汎用性の高い方法です。たとえば、まったく新しい自動車を考える、といったお題があったときにどこまでやると自動車でなくなるかをまず考えてみる方法は有効です。3輪ではどうか、動かないとどうか、ドアが10個あったらどうか、などその概念におさまるぎりぎりの境界線がわかると、その周辺に今までにない新しいアイデアがたくさん眠っているからです。

彼らは、「おやつと非おやつをわける調査」と題して、「おやつシート」をつくり、「おやつである」「おやつでない」にわけてもらっていました。

くだものはどうか、カップラーメンはどうか……

こうして調べていった結果、ちょうど境界線に位置していたのはなんと「肉まん」。半数の人は肉まんをおやつととらえ、半数の人はおやつとは認めないという結果でした。おやつだからといって、必ずしも甘くなくてもよいことがわかれば、おやつのアイデアの可能性をもっと広げることができるでしょう。

こうした境界線調査は、非常に面白い「見方=問い方」の1つなのです。

ガリレオ・ガリレイは、月のクレーターや木星の衛星を発見し、地動説に到達しました。天動説が長く信じられてきた中、なぜ彼だけが、そのような気づきを得ることができたのか――。

それは、望遠鏡という「見る道具」を発明したからです。望遠鏡で空を観察したからこそ、他の人には見えなかったものが、彼には見えたわけです。

インプットの手法は、「見る道具」にあたります。

既存の方法では、既存の発見しかできません。ガリレオの望遠鏡のように、「見方＝問い方」の発明が求められているのです。できるだけ複数の調査を組み合わせて、調査自体をクリエイティブなものにしていくとよいでしょう。まったく自由にオリジナルの調査をつくってみてもいいのです。本章末の96ページから紹介している調査方法を参考にしながら、新しい組み合わせを自由に考えてみてください。

どこまで調べればよいのか？

アイデアの「質」は、「量」に比例します。

広告会社では、若い頃に「アイデア100個出し」「コピー1000本ノック」など称してとにかく「量」を出すことを経験させられます。よく「アイデアを出すのが苦手」という人がいますが、私が見ている限りでは、その人たちは出しているアイデアの数が圧倒的に少ないことがほとんどです。逆に、「アイデアを出すのが好きで得意」という人は、つまらないアイデアも含めて、とにかく「量」を出しています。出したもののすべてがよいアイデアである必要などまったくありません。多くの中でいくつかがよければいいのです。

インプットの「質」もアイデアの「質」とまったく同じです。「量」に比例します。

1人だけで情報収集すると、「質」も「量」も片寄りがちになります。

「群盲《ぐんもう》、象を評す」というインド発祥の寓話があります。

足を触った盲人は「柱のようだ」と答え、尾を触った盲人は「綱のようだ」と答え、鼻を触った盲人は「木の枝のようだ」と答え、耳を触った盲人は「扇のようだ」と答え、腹を触った盲人は「壁のようだ」と答えた……数人の盲人が象の一部だけを触って感想を語り合い、結局、象の全容はつかめなかったというエピソードです。

どんなにがんばっても、1人のリサーチでは物事を一面からしか捉えられません。多面的に情報収集をするには、複数の視点から情報を集めることが大切なのです。

ここでいう複数の人で情報収集するというのは、さきほどの『サンプル数は1人でもいい』と述べた1人とは異なります。リサーチの対象は1人でもよいが、それを解釈する人は複数の方がよりよい、という意味です。

同じ対象を見ていてもそれを解釈する人によって、気づきや発見は異なるものです。集まった情報が多角的であるほど、新しい発見の可能性も高まるのです。

ケーススタディの落とし穴

その一方で、中には扱いに気をつけたい情報もあります。

その代表例は「ケーススタディ」です。競合他社の動向、業界内情報、多くの人がアクセスする情報源やデータ、他人の模範解答……などこうしたたぐいの情報を調べることは一般的には多いと思います。ただ、これらは扱いを間違えると非常に危険な情報にもなりかねません。不適切な情報インプットが、結果としてアウトプットの同質化を招くことがよくあるからです。

というのも、「ケースを集めましょう」となると、たいていの場合、競合他社のケースや業界内のケースだけを集めてしまうからです。これだとせっかくの料理も隣の店が出している料理と同じになりかねません。

これは「**同質化の罠**」と呼ばれ、このような情報は安易に取り入れないように十分注意する必要があります。もちろん競合他社や業界内の情報収集自体は重要です。ただ、業界動向をつかむ目的だったはずが、情報を知れば知るほど必要以上に気になってしまい、結果的にどうしても無視できなくなってしまうことが起こりがちです。

たとえば、調査データに「信頼性」「安全性」「環境性能」などの項目があり、自社と他社と比較して云々……といった定量調査のデータを私たちはよく目にします。

「環境性能が低い」というデータを見た瞬間、「やっぱり環境を上げなきゃいけないな。エコパッケージにしよう」という話になってしまうのです。間違っているとまで言い切りませんが、それは競争の激しい市場にみすみす飛び込むようなもの。既存のデータを使うことで、知らず知らずのうちに、他社と同じ土俵に乗ってしまうケースが非常に多いのです。

このようなことが今、すべての業界で起きています。

ライバル社は1社とは限りません。A社のあの機能、B社のあの機能、C社のあの機能……といったように、「少しずつ気になる」というのが実態だと思います。競合他社のケースをもとにアイデアを考えていくと、ライバル社も同じことを繰り返してきます。その結果、その市場には限りなく同じ製品が生み出されることになります。

ですから、競合他社や業界内のケーススタディは「反面教師」として使うと効果的です。「そうか他社はこんな状況なのか。だったら、ウチは違う方向を目指そう」という使い方です。

逆に、まったく異業種のケーススタディは、新しい発見に満ちています。たとえば、飲食業界のやり方を医療業界の人が学んだり、金融業界のシステムを農業に取り入れる方法を学んだり……ということです。

余談になりますが、学生の就職活動に関しても似たようなことがいえます。

私も採用の面接官をすることが多いのですが、学生たちはほぼマニュアルどおりに同じような内容でアピールすることが多いのがとても気になります。

「リーダーシップがあって、仲間から信頼されていて、企画力もあって……」OB訪問では、「今まででいちばん印象的だった仕事は何ですか?」とか、「今までにいちばん失敗した瞬間は何ですか?」と毎回同じようなことを聞かれると、聞かれる方もまたか、という気になってしまいます。就活マニュアルを参考にするのは大いに結構ですが、むしろそこに載っている質問はぜったいにしないくらいの意気込みで、質問はぜひオリジナルで考えてみてくださいね。質問力自体が、企画やものを考える上で重要なのですから。

「どう整理するか？」を考える

情報整理は付箋に1行

では、良質なインプットをそろえたところで、ここからは、集めた情報をどのように整理していくかについて話をします。

整理については、まずはごく基本的な方法ではありますが、「ポイント」や「気になったこと」を各自が付箋に書き出すというやり方がやはり効果的です。付箋に書き出すことで、

- 大事なことを忘れない
- 他の人と共有できる
- 情報同士を整理したり統合したりできる

ようになるからです。

各自が見つけた情報をそれぞれがまず「見える化」し、1つの場に出して、みんなで共有します。この作業を「ダウンロード」と呼びます。

次のような点に留意して書き出しましょう。

［付箋の留意点］

- 付箋は1枚のプレゼン資料と考える
- 1枚の付箋に、1つの情報
- 太いペンで、見やすく、1～2行で
- 事実と解釈はわける
- 語尾を明確に

まず最初に付箋は、1枚のプレゼン資料と捉えるとよいと思います。

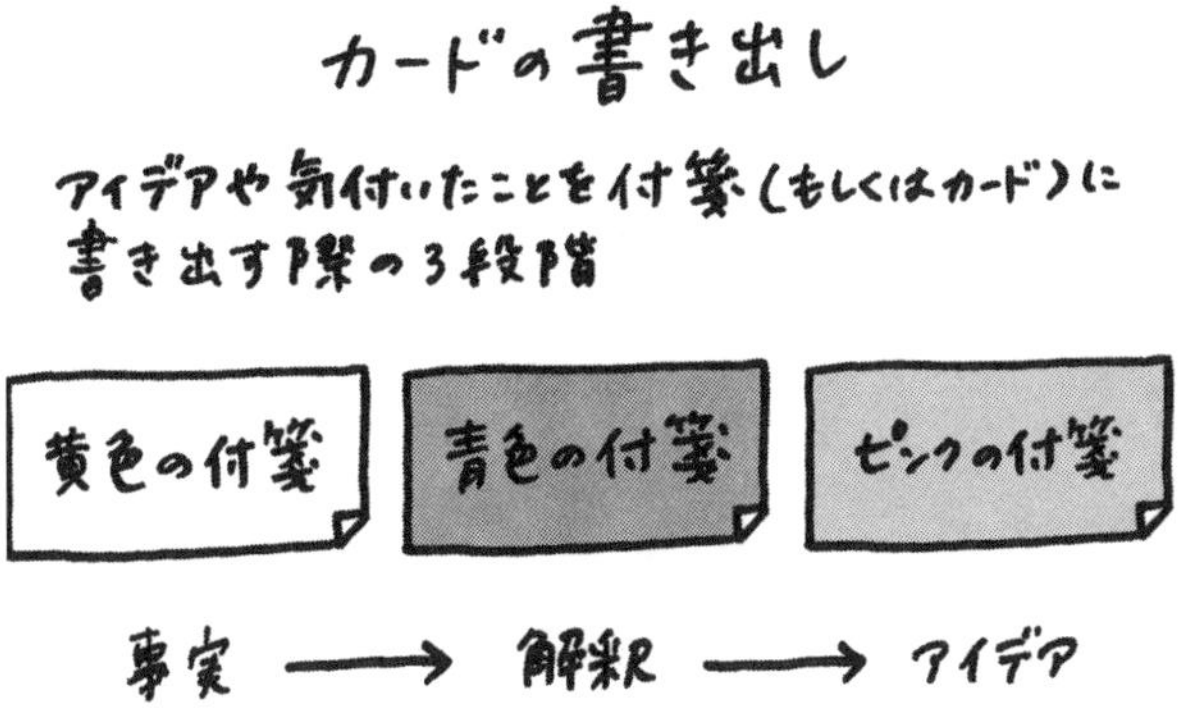

単に自分の備忘録として書いてしまう人がいますが、他の人が見ても「なるほど」とわかる文章にするのがいちばんです。なるべく1～2行で簡潔に書きましょう。

また、「実際にこうだった」という事実と「自分はこう思った」という解釈、そして「こういう解決策がある」というアイデアが混ざることが多いですが、この段階ではこの3種類の情報は必ずわけて書くようにしましょう。授業では、「事実を黄色の付箋」「解釈を青色の付箋」そして「アイデアをピンクの付箋」に書きわけるようにしてボードに貼り、3種類を区別しています。

また意外と陥りがちなのが、語尾を不明確にして書いてしまうこと。たとえば「この商品のデザイン性」という付箋があったとします。書いた本人は「この商品のデザイン性がよい」という意味で書いたのかもしれませんが、他の人には「デザイン性がよい」なのか「デザイン性が悪い」なのかがわかりません。誰が見てもわかるように、語尾まではっきりと書くようにしましょう。

意外な発見に出会えるKJ法

恐らく日本でもっとも有名な発想法・情報分析手法の1つがKJ法ではないでしょうか。KJ法は、文化人類学者の川喜田二郎氏が考案した手法で、イニシャルをとって、こう呼ばれています。

集まった膨大な情報をいかにまとめるか、試行錯誤を行った結果、川喜田氏はカードを使ってまとめる方法に行きつきました。以来、学校や企業など、さまざまな場面で広く用いられるようになりました。

東大の授業ではKJ法の基本ステップに従いながら、次のように少しだけ簡略化して使っています。

①カードの作成
②グループ編成
③図解化
④叙述・コンセプト化

ここで確認しておきたいのは、ＫＪ法は「分類法ではない」ということです。ＫＪ法は「発想法」として位置づけられるものです。既存の知識や理論ではなく、自分はどう思うか、どう感じるかというような「実感」に焦点をあてて世界を見つめていくアプローチです。

ビジネスの社会でも適切でないＫＪ法を行っている人をよく見ますが、これはいわゆる「分類」とはまったく異なった発想です。一見無関係に思えるようなさまざまな現象を、１つひとつ吟味しながら統合することで、それまでは認識できなかった別の何かが見えてくる……そういった発見的な考え方です。

「情報を絞る段階でもクリエイティブに」これが、リボン思考の大きなカギを握っています。「重要な新発見をする」という姿勢で、大量のインプット情報を整理・吟味していくことが大切なのです。

その情報は本当に信じていいのか？

リボン思考では、インプット段階においては探索型調査を重視します。けれども、次のような場合にはインプット段階でも検証型調査も有効な場合があります。

・小サンプルからの発見で、量的確証が十分でないとき（＝もう少し確かめたい）
・インプットから発見が複数出て、絞り切れないとき（＝絞りたい）
・途中で進捗を報告し、判断を仰ぐ必要があるとき（＝いったんまとめたい）

こういった場合に行われる代表的な検証型調査を紹介します。

［権威付け・裏取り］

仮説の〝確からしさ〟を、既存情報・公開情報で裏付ける目的で行います。公共（パブリック）、学術（アカデミック）、総研系（シンクタンク）などの資料は、比較的信頼性が高いものが多いので、有効活用しましょう。

［受容性評価調査］

発見した方向性が、どのくらい受け入れられるのか。受容性を定量的に測り、確信を得る目的で行います。「どのくらいよいか？」「どちらがよいか？」といったことを、ある程度のサンプル数を確保したアンケートなどを使って調べます。

［フォーカス・グループ・インタビュー（FGI）］

テーマに合致した属性の人たちを集めて仮説やアイデアについて話し合い、企画の精度を高めるのが目的です。マーケティング調査の伝統的な手法として多用されてきました。

使用している商品・サービスや性別・年齢などの属性が近い6人程度を1グループとして集めます。参加者には事前に検討点を定めた個別インタビューを行っておきます。そして、フローに沿って、テーマに関する意識や実態を聞いていきます。

「新しさ」と「深さ」はどちらを重視すべきか?

ここまでさまざまな調査の手法について述べてきました。では、調査によって見つけるべき優れた発見とはどのようなものでしょうか。インプット段階で優れた発見には大きくわけると2つの種類があると考えます。

「今まで気づかなかった新価値」
「深層にある本質価値」

「今まで気づかなかった新価値」とは、新しさの発見です。
「なるほど、そんな可能性まであったのか」と思わせてくれるものです。井の頭線の

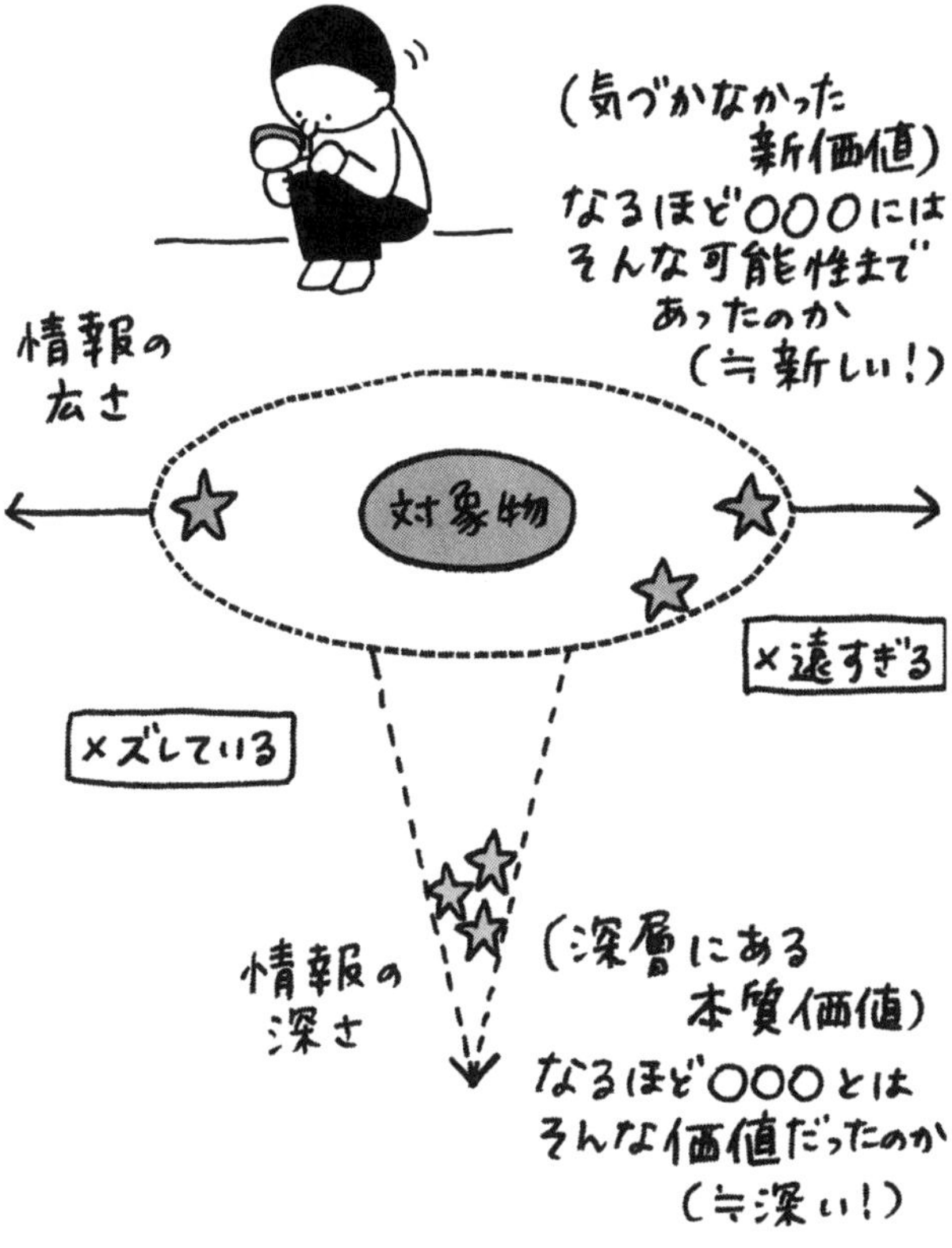

(気づかなかった
新価値)
なるほど○○○には
そんな可能性まで
あったのか
(≒新しい!)
情報の
広さ
対象物
×遠すぎる
×ズレている
情報の
深さ
(深層にある
本質価値)
なるほど○○○とは
そんな価値だったのか
(≒深い!)

2種類の優れた発見

例でいえば、「井の頭線を交通手段として捉えるのではなく、渋谷と吉祥寺を結ぶ巨大なショッピングモールの〝移動休憩所〟と捉えてもいいのではないか」という発見が、新価値にあたります。

このときに注意したいのは、対象物との距離感です。近すぎては新発見になりませんが、遠すぎると理解されにくく、共感を得られないからです。感覚的な表現にはなりますが、「ギリギリの範囲内でいちばん遠いものを探す」という意識が大切です。

一方、「深層にある本質価値」とは、「深さ」の発見です。「なるほど、そこまでの深い意味があったのか」と思わせてくれるものです。おやつの例では、「もともとおやつは、八つ時の休憩時に小腹を満たすものであった。だったら、本質的にはおやつ＝お菓子である必要はないのではないか」という発見が、本質価値にあたります。

このときに注意したいのは、対象物を正しく掘り下げているかどうかです。

せっかく深掘りしても、対象物からズレてしまっていては、周りの人に理解されにくく、共感を得られないからです。

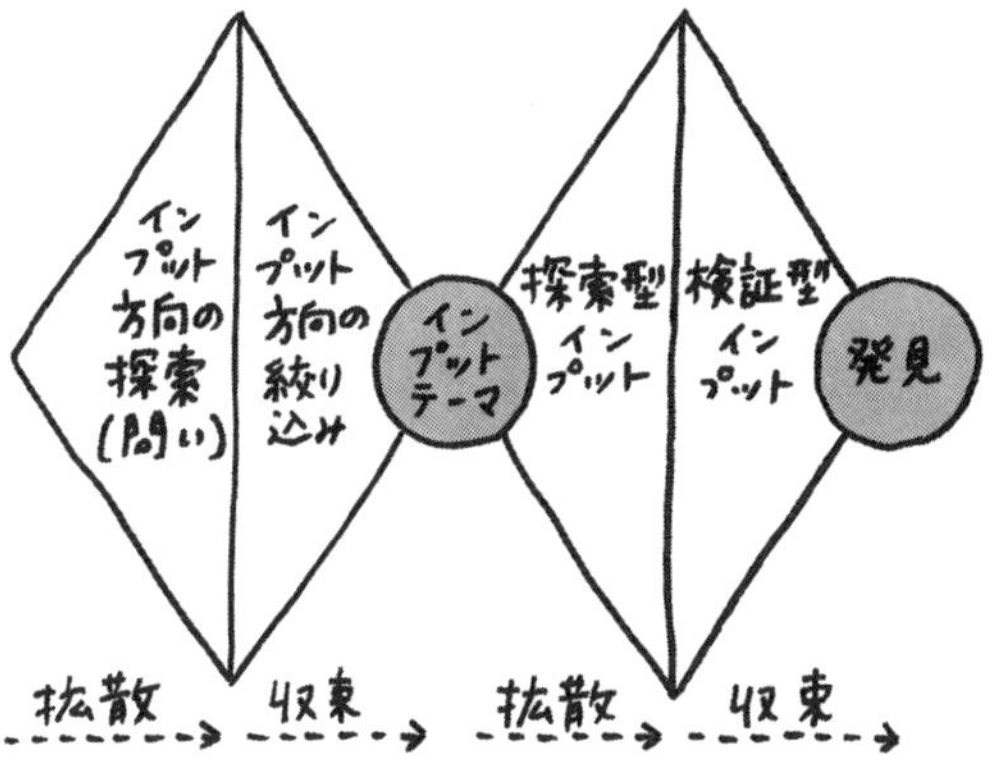

インプットの中のリボン思考

「期日までに」が生む問題

ここまで、インプットについてお話ししてきました。ここで一度、整理してみましょう。インプットフェーズの中のプロセスを細分化したものが上の図です。

標準的なインプットフェーズの流れは、「インプット方向の探索（問い）」で拡散し、「インプット方向の絞り込み」で収束、インプットテーマを仮決定します。そして「探索型インプット」で再び拡散し、「検証型インプット」で発見に向けて収束させていきます。インプットの後半は、次のフェーズである「コンセプト」策定に近い作業になります。

しかし実際は、図のようにスムーズな手順で思考が流れていくとは限りません。実際の思考の流れは、「非線形」を描くことがほとんどです。つまり、行きつ戻りつを繰り返すということです。

実際のビジネスでも「探索型インプットをして興味深い発見があったものの、検証してみたら、違うかもしれないと感じた。もう一度最初からやり直してみよう」といったことや、「インプットを終えたものの、何だか面白くない。『問い』に戻ってやり直そう」といったことは頻繁に起こります。ですから、行きつ戻りつしながら、立ち止まり、考え直すことを恐れないでください。

しかし、ここで1つ問題が生じます。多くの仕事の現場では、「後戻りができない」状況に追い込まれてしまっていることも少なくありません。後戻りできない理由はさまざまですが、代表的なものでいえば以下のような理由をよく耳にします。

「期限が迫っているから」
「上司の合意を得て、進んでいるから」
「すでに大規模な予算を投入しているから」

「ここまで労力を費やしてきたのだから」

「後戻りができない」という状態は、新しいものを生み出そうとする際のネックとなります。「日程を切る」ことで、結果として、面白味のないものが生まれる大きな原因となってしまうのです。

新しいものを生み出すためには「そこに新しさ、面白さがあるか？」という点だけに忠実であるべきです。どんなに手間暇をかけたインプットであっても、新規性に欠けると判断するのであれば、大胆に「捨てる」覚悟を持っておくことが重要です。

「行きつ戻りつはあたりまえ」

その基本認識をチーム全体で共有し、戻れることを前提としたスケジュール組みや予算編成を行う必要があるでしょう。

人工知能で代替されない人の条件

さて、最後に触れておきたいのは、最近の主流でもあるビッグデータや人工知能（ＡＩ）とインプットの関係のことです。

言うまでもなく最近では、情報収集作業をビッグデータやＡＩに委ねようという動きが顕著です。

私は、ビッグデータは重要なインプットの１つとして、今後さらに積極的に活用したほうがよいと考えています。また、膨大な事実や情報を的確に分析したり、過去の状況からある判断を下したりするといった行為の時にＡＩは威力を発揮します。たとえば膨大なテキストデータから市場の傾向を読み取るといったことはＡＩの力を借りなければ大変な労力です。なのでインプット収集の初期の段階では積極的に活用するとよいでしょう。ただ、インプットからコンセプトに移行するプロセスには、必ず「解釈」という行為が入ってきます。的確な解釈を、人工知能に代替させることは現状の技術では難しいといわざるをえません。

では、「解釈」とは何でしょうか？　その重要性を端的に表しているエピソードとして、次のものがよく知られています。

「靴のセールスマン2人が、南洋の孤島へやってきた。

島の住民の様子を見ると、みな素足である。

それを見た1人のセールスマンは大いに悲しんだ。

『えらいところへ来てしまいました。我々にはまったく用のないところです。だれも靴を履いていませんから』

という手紙を本社へ出した。

ところが、もう1人のセールスマンは大いに喜んだ。

『ここはすばらしいところです。まだ誰も靴を履いていません。靴の効用を知らせれば、いっぱい靴を売ることができるでしょう』

という電報を本社へ打った」


このエピソードでは、「誰も靴を履いていない」という事実が「解析」にあたります。

一方、その事実から「だから靴が売れない」もしくは「だから靴が売れる」と判断するのが「解釈」にあたります。同じ解析結果であっても、その解釈は異なるということがわかると思います。

ここで「解析」と「解釈」という言葉についてもう一度整理しておきたいと思います。大辞泉によれば……

「解析」:「事物の構成要素を細かく理論的に調べることによって、その本質を明らかにすること」

「解釈」:「物事や人の言動などについて、自分なりに考え理解すること」

とあります。現状の人工知能が得意なのは、「解析」の領域です。

一方、解析した情報を「解釈」することは、人間が得意な領域といえるでしょう。

わかりやすくいえば、人工知能が得意なのは「ゴールが明確」な分野です。囲碁や将棋の世界では、人工知能とプロが対戦し、人間のプロが歯が立たないというところまできています。これは、囲碁や将棋のルールが決まっていて、「勝つ」という目的が明確なためといえます。このことから推測すると、**「ゴールが明確な仕事」はいずれ人工知能に取って代わられる可能性が高い**ということです。逆にいえばゴールが明確でないもの、複数の目的が同居しているもの、異なる領域に横断するものといったジャンルは、必ずしも人工知能が得意な分野ではありません。

たとえば弁護士であっても、作業プロセスが概ね決まっているような業務は既に人工知能に代替されはじめています。逆に、法廷で裁判官や検事を相手にその場のコミュニケーションをとったりしながら臨機応変に対応する業務は、代替されにくいといわれています。

最近では生成ＡＩをはじめとした技術も進んできており、インプットだけでなく、制作物といったアウトプット領域も人工知能である程度作れるようになってきています。ただその際も、人工知能とは異なる解釈や、何を判断基準とするのかという、人間だからこそできる知恵の部分は必ず求められます。たとえば、現在急速に普及している対話型ＡＩを活用する際も、単に検索文を入れるだけでなく、プロンプトと呼ばれる指示文をいかに入力するかが良質な結果を出すのには重要です。つまりそこにもプロンプトのクリエイティビティと呼ばれるものがあるのです。単なる機械的な情報収集ではなく、創造的に情報を集めるようなインプットの重要性は、今後さらに増していくでしょう。それが、人間が「考える」ことの重要な第一歩だからです。

あらゆる情報を集め、アイデアを面白くする調べ方大全

最後に、探索型リサーチの代表的な手法を紹介します。あくまでも一例ですので、目的に応じて使いわけたり、新しく組み合わせたりして活用してみてください。

［探索型のデスクリサーチ方法］

・時代分析／歴史分析

文献などから、カテゴリーに関する起源や、歴史を調べて整理する。変化の節目に

あった要因に注目し、時代の概念化を行うことで、今後の変化の方向性を探る。

・辞書・詩・文学分析

カテゴリーに関して世界各国の辞書的な定義や慣用句を集める。テーマについて詩や文学などのさまざまな文字情報を集め、気づきを得る。

・アナロガススタディ／ケーススタディ

テーマそのものではなく、関連する周辺領域や一見関連のなさそうな異分野をデスクリサーチで研究することで気づきを得る。

例：「スポーツ用品の開発→釣りの研究」（一見関連のなさそうな異分野）

：「店頭でのサービス接客→一流ホテルの研究」（関連する周辺領域）

［探索型の定量調査の方法］

・インサイト系アンケート調査

定量調査の代表的な調査手法。オープン・アンサーが効果的。設問のしかたで有意義な発見につながる。

・SNS分析

カテゴリーの現状を知ったり、対象商品がどのように世の中から評価されているかに関してはソーシャルネットワークサービス（SNS）を使った分析も有効な手段。大量のSNSデータを活用した分析はソーシャルリスニングなどと呼ばれることもある。

［探索型の定性調査の方法］

・ビジネス・エスノグラフィー

元来社会学や文化人類学において行われてきた、参与観察やインタビューによるフィールドワークとその記録のしかたをビジネス領域に応用。あえて事前に仮説を立てず、顧客の行動から意識、関連事象を広く洗い出すことによって仮説そのものを発見していく、仮説発見のための代表的な調査手法。

・モバイル・エスノグラフィー

最近増えてきたエスノグラフィー調査の派生形。対象者の様子をスマホなどで記録し、後から入念に分析する。現場で気がつかないことに気づくこともできる。対象者にカメラを渡し、撮影してきてもらうという方法もある。

・シャドーイング

エスノグラフィーの一種で、あらかじめリクルーティングした対象者の日常行動を、時系列で追いながら尾行し観察する。基本、行動観察に徹するが時折インタビューをはさむ場合もある。どのような意図や気持ちでその行動をとったかを一緒に振り返るのが重要。

・フライ・オン・ザ・ウォール

シャドーイングと対になる方法で、空間の1点に留まる定点観察。一定の場所で行われる行為を少し離れた所から定点観察する。駅や広場、ショッピングモールなどの観察が有効。

・デプスインタビュー

探索型定性調査のもう1つの代表例。対象者と1対1のかたちで、テーマについての実態や気持ちを聴取する基本的調査手法。通常は会議室や、調査ルームに対象者を招いて実施する。1人の対象者にかける時間が長く、他の対象者の影響を受けにくいため、より深い面白い発見を得ることができる場合が多い。

・遠隔インタビュー

デプスインタビューの類似手法。海外在住の日本人やコミュニケーションが可能な外国人などにオンライン通話などのツールを活用してインタビューを行う。海外市場がテーマとなるリサーチの初期視点導出としてはもちろん、アナロガスリサーチとして海外での状況を聞くことも有効な視点となる。

・エキスパートインタビュー

雑誌編集者や研究家など、各領域の専門家にヒアリングを行い、幅広い知見から初期視点を拡張する。

［その他の探索型調査の方法］

・フォーカス・グループ・インタビュー

マーケティングリサーチの伝統的手法として多用されてきた方法。使用ブランドやデモグラフィックなどの特性が近い6人程度を1グループとして、事前に検討点を詳細に定めた進行に沿って、テーマに関する実態や意識を聴取。グループ間の共通点や違いに視点を持って分析する。モデレーター（司会役）が適切な関係性を構築し、グループの相乗効果を生むことができれば、積極的な発言により、短時間の中で多くの情報を得ることができる。ただし、同調圧力や見栄などによって正確な情報が得られない場合や、1人ひとりからの情報が浅く、表面的な意見に終始する場合もある。探索型の時にも用いられるが、一般的には仮説の検証や、具体的なアイデアの受容性検証に活用することが多い。

・アン・フォーカス・インタビュー

テーマをフォーカスしないグループインタビュー。対象となる領域やカテゴリーを観察するために実施する。対象者は友達同士などでもよい。喫茶店の個室など、なるべくカジュアルな場所で、飲食を伴いながら行う。

・アイトラッキング／脳波測定

店頭での商品選択や、WEBサイト・映像コンテンツ等の閲覧時にどのような視線の推移があるか、脳波の変化があるかを測定。重要な反応を示している場所や見落とされていることなどを明らかにする。

・コミュニティ型リサーチ

インターネットなどを活用し、特定のテーマに関心を持っている人やブランドユーザーだけを集めてクローズドなオンラインコミュニティを構築。1ヵ月〜1年といった中長期間でさまざまな議題について議論していく手法。オンライン上ではなく、対面で行うこともある。

［基本手法と組み合わせる方法論・モジュール］

・日記調査

対象者に数日間にわたり記録をつけてもらうことで気づきを得る。事前に質問紙を作成して配布。ネット調査でも可能。写真添付や、後日直接インタビューと組み合わせるとより有効となる。食事記録や新商品テストなどさまざまな活用ができる。

・ムードメーター／ライフヒストリー

対象者に人生の振り返りなどの長い期間の気持ちの変化をグラフ化してもらう。高くなったり低くなったりしたそれぞれのポイントについて質問することで、対象者を理解する重要な鍵となる。調査テーマに関連して作成してもらうことも多い。

・ア・デイ・イン・ザ・ライフ

対象者の典型的な1日の行動を、順を追って聞いていきながら、調査テーマ周辺で起こっている事実と価値観を押さえる。平日と休日をわけると効果的な場合も。

・イメージソート／カードソート

ビジュアルイメージをカード化したものを用意し、選択や並べ替え、空間配置などをしてもらう。商品などの具体的イメージから、気持ちや体感覚を探る抽象イメージまでさまざまな目的で使える。

・絵画法（投影法）

気持ちやブランドに抱くイメージなどを、絵で描いてもらう。直感に従って自由に描いてもらったものに対して、質問を通してその真意を言語化（顕在化）していく。

・投影法（メタファーの活用）

絵画法に類似した手法で、気持ちやブランドに抱くイメージなどを、ブロックや粘土などで作製したり、ふさわしいイメージをフォントから選んでもらったりする。まず直感に従って作製したものを通して意識を顕在化していく。

絵画法や投影法の発展的手法として、画像生成ＡＩの活用なども新たな調査方法として発展していくだろう。たとえば、対象に関連するキーワードをもとに画像をＡＩに複数枚生成してもらい、その画像を眺めることでも意外な発見があることがある。

・ストーリーテリング

対象商品やテーマを人格化し、物語をつくってもらうことで深層意識を探索する手法。その商品と対象者の関係性や、競合との差異を明らかにするのに有効。

・ロールチェンジ

相手の気持ちや、対象者の気持ちになってみるために、たとえば販売店員と顧客のように、あえてその役割を徹底的に演じてみて、そこからの気づきを探る方法。最近では、メタバース技術をうまく活用した取り組みも始まっている。たとえば、メタバース空間上で異なる人格のアバターになってもらい（例：男性がターゲットである高齢女性になってもらう等）、そこではその人格になりきって自由に会話してもらう。新しい視点を得る上では効果的。

練習問題 『正解のない問い』に挑む練習①

東大生に向けた通常の授業の拡大企画として、私たちは、年に1回「大学生のためのブランドデザインコンテスト」というリボン思考を競うイベントを開催しています。

それが、「BranCo!《ブランコ》」と呼ばれる、コンテストです。

近年では全国100以上の大学から800名を超える大学生が参加する大きなイベントとなっています。

BranCo!は、3〜6名のメンバーが協力して、課題となるテーマについて、さまざまな視点から調べ、本質を考え抜き、魅力的な商品やサービスブランドのアイデアをつくりだして競う、チーム対抗形式のコンテストです。

コンテストを通してこれらの力を高めることや、「正解のない問い」にチームで挑む共創の体験は、人生のあらゆる場面で役立つものになると考えています。


今回、コンテストに出題されたテーマを持ってきました。リボン思考を身に付けるため、コンテストに参加するつもりで、実際に課題に取り組んでみてください。

まずは、どんな「問い」を立て、どんな方法で調べようか考えながら、インプットに挑戦してみましょう。

①『旬』
②『学び』
③『平和』
④『遊び』
⑤『新しい渋谷土産』

どんな情報が集まったでしょうか。では、インプットした情報をもとに、次はどうやってコンセプトをつくるか考えながら、次章に進んでみてください。

3時限目

コンセプト

——アイデアの肝を一言で共有する——

「コンセプトとは何か?」を考える

コンセプト作りのプロセスもクリエイティブに

コンセプトの由来。それは、ラテン語の「con(しっかりと)+ capere(つかまえる)」です。

コンセプトは考える行為の肝で、料理にたとえるならば、調理にあたります。切ったり、煮たり、焼いたりする工程です。

覚えておいてほしいのは、コンセプトのつくり方に、決まった手順はないということ。どう組み合わせるかは自由です。

つまり、コンセプト作りのプロセスもクリエイティブであることが大切です。頭で考えるだけでなく、実際に書いてみる。とにかくやってみる。

それが、よいコンセプトの考えに至るポイントです。

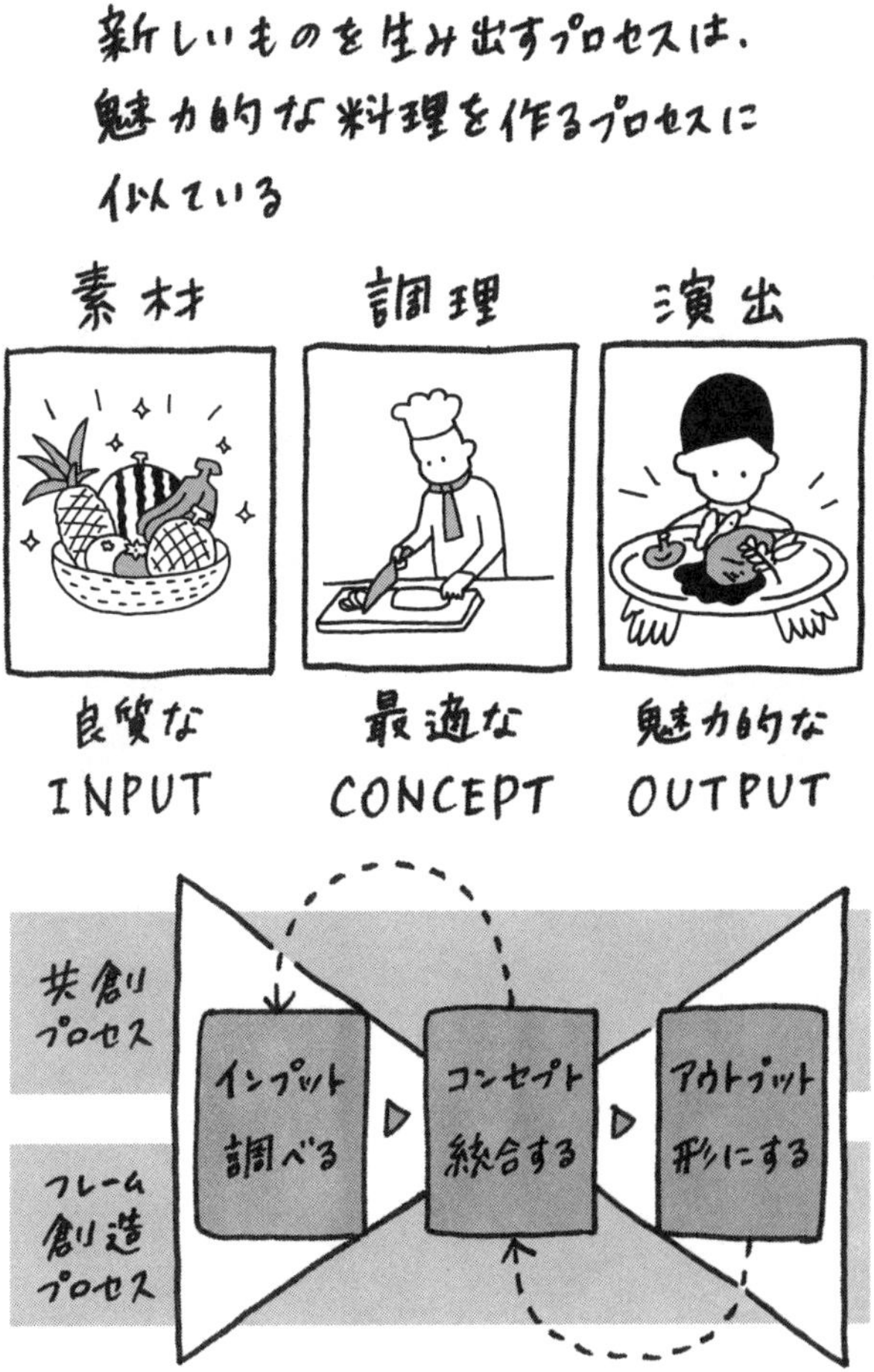
新しいものを生み出すプロセスは、
魅力的な料理を作るプロセスに
似ている
素材
調理
演出
良質な
INPUT
最適な
CONCEPT
魅力的な
OUTPUT
共創プロセス
フレーム創造プロセス
インプット
調べる
コンセプト
統合する
アウトプット
形にする

リボン思考のプロセス

そもそもコンセプトとは何か？

コンセプトという言葉は、さまざまなシーンで、多くの使い方をされてきました。「事物の本質」「基本理念」「自分が実現したいことの包括的なイメージ」「全体を貫く基本的な概念」「ひとかたまりの構造化された概念」「What to say（何をいうか）」「ワクワクする『あるべき将来像』」……。

コンセプト作りの解説をしていく前に、まず「コンセプト」という言葉について、定義しておくことにしましょう。

辞書ではどう定義されているでしょうか？

『大辞泉』によれば、

1　概念。観念。

2　創造された作品や商品の全体につらぬかれた、骨格となる発想や観点。

一般的には1の意味で使われることが多いですが、「新しいものを考える」という場合には、2の「全体につらぬかれた、骨格となる」発想や観点という意味のほうがしっくりきます。

さらにコンセプトの言葉の意味を遡《さかのぼ》ってみると、ラテン語のcon（しっかりと）＋capere（つかまえる）に由来することがわかります。表面的で移ろいやすい個々のものとは違い、「しっかりと把握された、本質・普遍性のあるもの」という意味があります。

つまり、コンセプトとは、日本語でいうところの「肝の部分」にあたるもの。ここではそんなイメージをもとに、話を進めていくことにしましょう。

あのブランドのコンセプトとは

コンセプトを大切にする理由は、それが自分やメンバーとアイデアを共有し、次のアウトプットをつくる原動力になるからです。コンセプトの役割は、次の2つです。

・調べた発見・気づき（＝インプット）の本質は何なのか、一言でわかる
・そこから生まれるアイデア（＝アウトプット）がどんなものか、想像をかきたてる

コンセプトとは、かみ砕いた表現を用いれば一言に集約されます。つまり、

「（一言でいうと）何なのか？」

実際の事例を見ながら、コンセプトの役割について解説します。

〈スターバックス：“Third Place”〉

シアトル発祥のカフェであるスターバックスは、家庭でもなく職場でもない第三の空間“Third Place”という有名なコンセプトを打ち出しています。

スターバックスが、コンセプトを「コーヒーショップ」と定義していたら、客の滞在時間を短くし、商品の回転率を上げ、コーヒーに特化する戦略をとっていたかもしれません。しかし、コーヒーショップではなく、「第三の場所」というコンセプトを立てた結果、他店にはないアウトプットを実現させたのです。

「私たちが提供するものは心地よさだ」

「だから落ち着くインテリアにしよう」

「商品単価は高いものになるが、その分お客様にはゆったりしてもらおう」

「コーヒー以外のメニューも充実させよう」
「スタッフとお客様との関係性を大切にしよう」
非常に優れたコンセプトの例といえるでしょう。

〈映画『エイリアン』：「宇宙船を舞台にした『ジョーズ』」〉

古い例にはなりますが、1979年に公開された映画『エイリアン』の制作にまつわる話から、コンセプトの大切さを見てみましょう。

『エイリアン』は地球外生命体が登場する恐怖映画ですが、宇宙が舞台であることや架空の生命体であることなどから制作スタッフのイメージがそれぞれ異なり、当初は、世界観を共有できませんでした。

そこで、監督はコンセプトをスタッフに伝えました。それが……。

「この映画は宇宙船を舞台にした『ジョーズ』なんだ！」

『ジョーズ』とは、ご存じのとおり、1975年に公開された巨大なホオジロサメが人を襲うパニック映画。スティーブン・スピルバーグの名前を世界に知らしめた名作です。「ああ、宇宙版の『ジョーズ』なのか」とスタッフに共通のイメージが湧き、一気に世界観を共有できたそうです（出典：『アイデアのちから』）。

これらのエピソードからもわかるように、「新しいものをつくる」ためのコンセプトは、事実を単にまとめたものではなく、これから生まれる新しい方向性を指し示すものであることが望ましいのです。

なぜ似た商品ばかりになってしまうのか

世間では、解決策のアイデアがジャンプしておらず、最終的なアウトプットが同質化した商品をよく見かけます。これは、明確なコンセプトを定めないままアイデア開発を進めた場合に起こりがちです。コンセプトがないと、個別課題に1対1に対応した解決を図ろうとしてしまうのです。しかし競合他社も概ね同じ課題を持っており、その結果、解決アイデアも似たものになりがちです。一方、コンセプトが差別化できていれば、その段階で他と考えが似ていないだけでなく、そこからさらにもう一段階解決策のアイデアがジャンプすることができます。そうなれば、最終的なアウトプットが同質化することは少なくなるのです。

街づくりを例に考えてみましょう。

もし、個別課題に対して1対1解決を図ろうとすると、たとえばこうなります。

・その街ならではの土産がない↓土産となる饅頭をつくる
・街のPRのための顔がない↓シンボルキャラクターを導入する
・企業が集まらない↓税制による企業誘致を行う

もちろん個々の活動によって課題が解決されることは悪いことではありません。

しかし、他の街も当然ながら似た取り組みをしてきます。その結果、全国どこにいっても似たような街が多くなっていることも事実で、同質化の罠に陥るのです。

では、このとき「あたらしいスタートが世界一生まれる町へ。」というコンセプトを立てたらどうでしょうか？

同じ企業誘致でもスタートアップ企業に重点をおいた施策が可能です。土産も新しいことがより大切になってくるため、オリジナリティあふれた商品を生み出すことができます。シンボルとして新しいことを生むためのフューチャーセンターと呼ばれる施設を設立するなどが可能になります。
これは東日本大震災から復興を果たした宮城県の女川町《おながわ》での実際のコンセプトと活動例です。日本で街づくりに成功している他の例をみても、どこもコンセプトがユニークです。コンセプトを明確にすると、アイデアがそれに従ってさらに大きくジャンプし、解決策アイデアは競合と同質化しづらいものになるのです。

優れたコンセプトを生む3つの「K」

私は、優れたコンセプトとは、3つのKを兼ね備えたものだと考えます。

共有力……いいたいことがわかりやすく明確であること。向かうべき方向や最終ゴール像がイメージしやすく、記憶に残りやすい。関係者で共有できる力を持っている

期待力……関係者や生活者にとってコンセプト自体にちょっとした驚きや、ワクワク

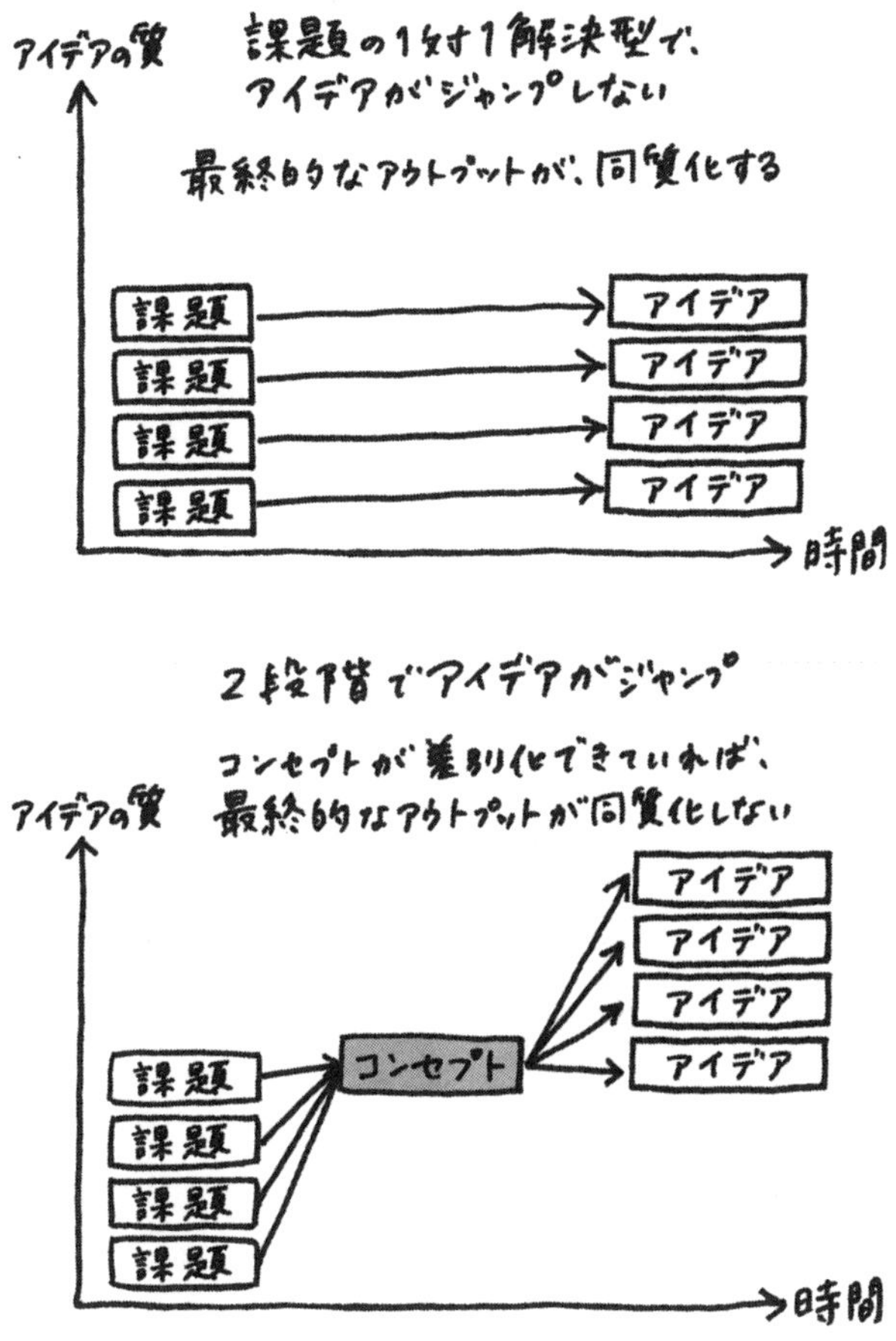
アイデアの質
課題の1対1解決型で、
アイデアがジャンプしない
最終的なアウトプットが、同質化する
課題
課題
課題
課題
アイデア
アイデア
アイデア
アイデア
時間
2段階でアイデアがジャンプ
コンセプトが差別化できていれば、
最終的なアウトプットが同質化しない
アイデアの質
課題
課題
課題
課題
コンセプト
アイデア
アイデア
アイデア
アイデア
時間

コンセプトがないアイデア開発

を期待させる力がある
起点力……活動やアイデアの起点になっている。コンセプトを聞いただけで商品・サービス・コミュニケーションなど、さまざまな領域のアイデアがどんどん湧いてくる力がある

共有力は、その商品やサービスの方向性を指し示す、非常に大事な力です。共有力が強いコンセプトがあれば、関係者の中で判断を迷った場合にもそこに立ち戻り、再確認することができます。

期待力は、人を動かすのに大切な力です。私はよく「発想を止める言葉」と「発想を動かす言葉」という表現を使います。きれいな言葉でまとまっているけれど、発想が止まってしまって、動かないコンセプトがあります。一方で、決してきれいではない言葉だけれど、目にした人たちの想像を広げたり、ワクワクさせたりするコンセプトもあります。両者の大きな違いは、期待力の差といえます。

起点力とは、アウトプットを生み出す力です。起点力が弱いコンセプトは、「コン

セプト自体は面白いけれど、何をどうすればいいの？」と手を動かす段階になって、悩むことになります。

優れたコンセプトに共通の3つの「K」。ただし、この3つを100%満たすコンセプトは存在しません。そもそも100%という上限の基準がないですし、共有力と期待力はトレードオフの関係にあることも多いからです。「よくわからないけど、ワクワクする」というコンセプトは、共有力は低いけれど、期待力の高いコンセプトの一例です。

また、コンセプトの評価は、評価する側の個人的な経験に依拠します。

評価する側の人間が既に体験したり聞いたりしたことがあるようなことであれば、そのコンセプトを理解することは容易になりますし、評価する側の人間が関心のないことであれば期待力が低くなる可能性はあります。ですから、コンセプトを評価する際は、どうしても主観的な判断にならざるを得ません。ただそれだけでは個人の主観に寄りすぎてしまうため、コンセプトを評価する段階では自分の主観だけでなく、多くの人の主観、つまり「自分以外の複数の人々にとって、どれほどの３Ｋを感じるコンセプトなのか」を考慮することが必要になるのです。

「コンセプトをどうつくるか？」を考える

ポジティブに見るか？　ネガティブに見るか？

ここまで述べてきたように、コンセプト作りには〝正解〟が存在しません。

ただ、「インプットデータをどのように調理していけば、コンセプトに近づいていくのか？」という視座のようなものは提示したいと思います。

コンセプトを考えていく時の基本的な方法には、以下のような４つの代表的パターンがあります。

ポジティブ・アプローチ……長所や魅力をさらに伸ばす方法
ネガティブ・アプローチ……短所や欠点を解消し、補強する方法
ギャップ・アプローチ……何かとのギャップ（違い）を埋める方法
ビジョン・アプローチ……自分の中の目標に近づける方法

授業では、次のような設定をもとに、4つのアプローチの考え方の違いについて解説しています。実際に、設問に答えながら、考えてみてください。

「理系のA君はこれから何かを勉強したいと、あなたに相談にきました。
以下の科目のうち、1つだけ選ぶとすれば、どの科目に注力するべきですか？
A．化学　B．天文　C．生物　D．物理　E．地学」

ポジティブ・アプローチは、強みや魅力をさらに伸ばすという考え方です。ですので、A君は地学が得意だったとすると、それをさらに伸ばしていこうというアドバイ

スがこの思考法に当てはまります。

ネガティブ・アプローチは、その逆です。A君の苦手科目が化学だったとして、まずはいちばん苦手な科目からあげていくという方法論です。

ギャップ・アプローチは、何かと比較してそのギャップ（違い）を埋める方法です。何を比較対象にするかによっていろいろなギャップがありますが、代表的なものは競合との比較でしょう。たとえばライバルにしているB君が、物理が得意で、ここだけ大きく差をつけられているとしたら、まず物理をあげていくという考え方です。

比較対象は必ずしも、ライバルだけではありません。たとえば「社会的なニーズとして、バイオビジネスが近い将来急拡大するが、そのための生物学に詳しい人材が不足している」という状況があったとします。こうした外部環境と比べて不足している領域をあげていくというギャップ・アプローチもあります。

最後は、ビジョン・アプローチです。これは、自分の中の目標やビジョンをもとに判断する思考法です。もしA君が現状の成績とは別に「星や宇宙に興味があり将来はNASAの職員になりたい」という夢があったとしたら、天文学を選択するというのがこのアプローチです。この場合は、他人との比較や自分の中の得意不得意はあまり関係ありません。好きかどうかだけでコンセプトを考えていく方法です。

いずれも、おかれた状況や判断によって、どれも選択できるアプローチです。コンセプト作りに〝正解〟はありません。ただいろいろなアプローチの考え方を知っていることが、思考の幅を広げる上では有利です。

ポジティブ、ネガティブ、ギャップ、ビジョン……異なるアプローチを同時に検討するほうが、コンセプトの幅が広がるからです。その際、その人の好みや得意不得意、ライバルの動向など背景となるインプット情報（量・質）が多ければ多いほど、判断の精度は向上するため、コンセプトを考える上でもやはりインプットが重要となってくるのです。

繰り返しですが、コンセプトの方向性や考え方に正しい・正しくないはありません。ただし、一般的によくとられる方法論や思考法であるネガティブ・アプローチやギャップ・アプローチは、比較的同質化を招きやすい方法なので、そこだけは覚えておいてください。

実際の学習や受験勉強でもそうだと思いますが、まずはいちばん苦手なものからあげていくという考え方はよくあると思います。ビジネスの現場でも、ネガティブ・アプローチやギャップ・アプローチが主流となっています。ただこの方法論は、他と横並びになっていくため、他社やライバルとの差別化という点でいえば、ポジティブ・アプローチやビジョン・アプローチのほうが相性がよいことが多いのです。そのため、ユニークな考え方を優先するのであれば、まずはこのあたりの可能性から探ってみるといいでしょう。

効率よりも効果を最大化せよ

授業では、こうしたアプローチをとりながらコンセプトをつくる考え方の過程のことを「シンセシス（synthesis）＝統合化」と呼んでいます。つまり、集まった多くの情報（インプット）を再統合して、1つのコンセプトに昇華・集約するプロセスです。楽器の「シンセサイザー」も同じ語源です。

差別化との相性

①ポジティブ・アプローチ → E地学 ◎

②ネガティブ・アプローチ → A化学 △

③ギャップ・アプローチ

③-1 競合とのギャップ → B物理 △

③-2 市場ニーズとのギャップ → C生物 ○

④ビジョン・アプローチ → D天文 ◎

戦略アプローチの代表的パターン

「シンセシス」という考えが出てきた背景には、ビジネスコンサルタントなどがよく使用する「フレームワーク」だと上手に整理はできるものの、今までにない視点が発見できにくかったり、新しいものが生まれにくいといった不満がありました。そのため、柔軟で自由な発想を得意とするデザイナーの思考法が取り入れられたのです。これが222ページで説明する「デザイン思考」という概念です。この違いを理解するために、ビジネスコンサルタントの基本的な考え方を、あえてわかりやすく話し言葉にすると……

「このチャートを御覧ください。弊社が発明した『〇〇フレーム』を利用して分析すると事業構造はこのようになっており、問題点はここにあります」

といったことになります。

それに対してデザイナーは、こう考えるでしょう。

「使い回す『分析フレームワーク』なんて、新しい商品をデザインするときには役に立たない！　毎回新しいフレームを生み出すことこそが大切なんだ……」

もちろんフレームは便利です。特に効率的に素早く分析をする際には高い効果を発揮します。分析フレームを多数知っていることが思考法を豊かにすることは間違いありません。

しかし、再現性のあるフレームは、効率はよいですが、効果が高いとは限りません。既定のフレームによってもたらされるコンセプトや方法論は、同じ手順を踏めば誰でも容易に真似できるものとなりがちです。そのためフレーム化が可能なものは、同質化を生むだけでなく、やがて人工知能で自動化される可能性すら秘めています。これでは新しいアイデアや考えを生み出すことは難しくなります。

ちなみに「人工知能に代替されず、なくならないと考えられる業務は？」という質問に対する回答の上位が、

「相手の意図を汲み取り、臨機応変に対応する必要がある業務」

「新たな事業やサービスを企画する業務」

「他者とコミュニケーションを取りながら進める業務」

となっているように、これからはよりフレーム化されにくい方法が求められているともいえるでしょう（出典：エンジャパン）。

繰り返しになりますが、コンセプト作業は考える行為の中心的なプロセスですが、フレームに入れることではありません。毎回、カスタマイズして新しいフレームをつくる行為と捉える方がよいと思います。

たしかによいコンセプトの定義は曖昧で、コンセプトの目的を設定しづらいという面はあります。また、よいかどうかの判断も個人の経験に依拠するところが多く、画一的にできないのも事実です。

だからこそ、次のような「考え方」の気概を持つべきなのです。

「私たちが行いたいのは最適化ではなく創造である」

「効率より効果を最大にする」

「思考停止に陥りやすい安易なフレームの使い回しはしない」

「AIが進んだ時に人間にしかできない思考は何かを問い続ける」
よいコンセプトを考え出すポイントは、機会領域（チャンス）を発見するためのフレームを創造し、そこからコンセプトを発見すること――つまり、既存の枠組みではなく、枠組みそのものを新たに創造できるかが大切になってくるのです。言い換えると、この段階でも、既存のフレームに自動的に考えを合わせるのではなく、「考え方を考える」という行為がとても重要になってくるのです。

思考の補助線を入れて、視点を見つける

よいコンセプトを生み出すためには、フレーム自体を創造することが大切であるという大前提を念頭に置きつつも、基本としてどのような整理の視点があるのかだけは押さえておくことも有効です。ここでは、一般的によく使用される3つについて触れておきます。

①軸を切る

重要な対立観念で軸を切って、発見をプロットする。

比較的よく見られるのが「X軸：ソーシャル―プライベート」「Y軸：日常―非日常」のようにX軸とY軸を切って整理する視点です。

②時系列で整理

利用する人の観点から、時間軸で整理するのも有効です。

③因果・抽象度で整理

なにがどのように影響を受け合っているのかという観点で整理します。

ここで大事なポイントは、「**1つの整理で決め込まず、試行錯誤する**」ということです。「軸を2つではなく、3つに組み合わせてみる」「時系列で整理したものを因果・抽象度で整理し直してみる」といったように「よりよく説明できる整理はない

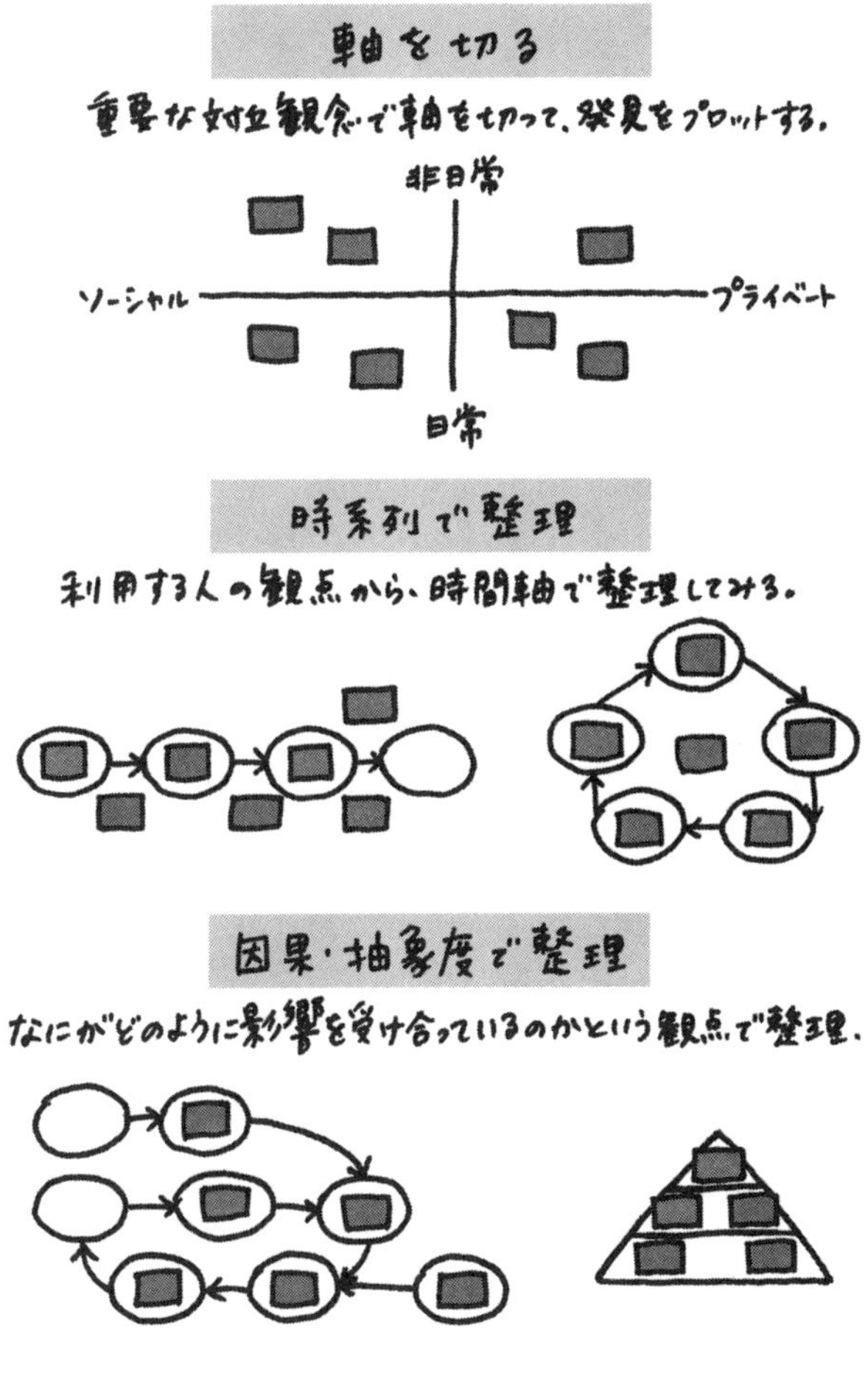
軸を切る
重要な対立観念で軸を切って、発見をプロットする。
非日常
ソーシャル
プライベート
日常
時系列で整理
利用する人の観点から、時間軸で整理してみる。
因果・抽象度で整理
なにがどのように影響を受け合っているのかという観点で整理。

か？」「よりよい気づきを得られる整理はないか？」と、一度まとめた要素をいろいろな視点からクリエイティブに整理してみることが大切です。

頭に汗をかいて考えるとはどのようなことか？

既存の枠組みではなく、枠組みそのものを創造するには、とにかく頭に汗をかきながら「考える」しかありません。

ここで少しだけ立ち止まって考えてみたいと思います。

そもそも「考える」とはどのような行為なのでしょうか？

以前、「考えるとは何かを考える」、というちょっと変わった調査を行ったことがあります。この時はビジネスパーソンを対象に「『考える』という行為中に自身の頭の中で起こっていることを思い浮かべて、それに近いビジュアルを集め分析する」という調査を行いました。

すると、面白いことに、共通点のあるさまざまなビジュアルが集まりました。格子状のもの、規則性、直線、混沌、不連続、渦巻き、空から見たもの、遠くから見たもの、深い穴、つらい、組み合わせ……。

これらのビジュアルを整理・分析してみると、私たちが普段「考える」と呼んでいる行為は、次の4つの思考モードの組み合わせであるということがわかりました。

俯瞰する……物事を客観的に捉える。できるだけ視野を広げ、いったん立ち止まって、事柄をとりまく状況を俯瞰する。

分類する……複雑にみえるものを分類・整理し、物事をわけることでシンプルにして理解を深める。

掘り下げる……物事の背景にあることや、根源的な部分に思いをめぐらし、真実をより深く追究する。

混合する……一見関係ないようなもの同士、過去の記憶や情報などを組み合わせる。

実際の「考える」という行為、すなわち思考モードの組み合わせや順番はさまざまなこともわかりました。「俯瞰する→分類する→掘り下げる→混合する」という手順で考えることもありますし、「掘り下げる→混合する→俯瞰する」の場合もあります。組み合わせと順番そのものにも人によって癖や好みがあることもわかりました。ここでも、どの順番にやらなければいけないという正しい考え方というのは存在しません。ただ大切なことは自分が**「今どのモードで考えているのか」**を、常に意識することです。

この4つの思考モードは、物事を「考える」時の強力なツールになります。たった4種類ですがこれらを自由に組み合わせることで、考え方のバリエーションもどんどん広がっていくからです。

また4つの思考モードがあると知っておけば、「掘り下げは得意だが、俯瞰は苦手」「俯瞰と分類はこれまで行っていたが、混合や掘り下げはあまりやっていなかった」など、自分自身の思考の癖も客観的にチェックできます。また、「掘り下げはAさん

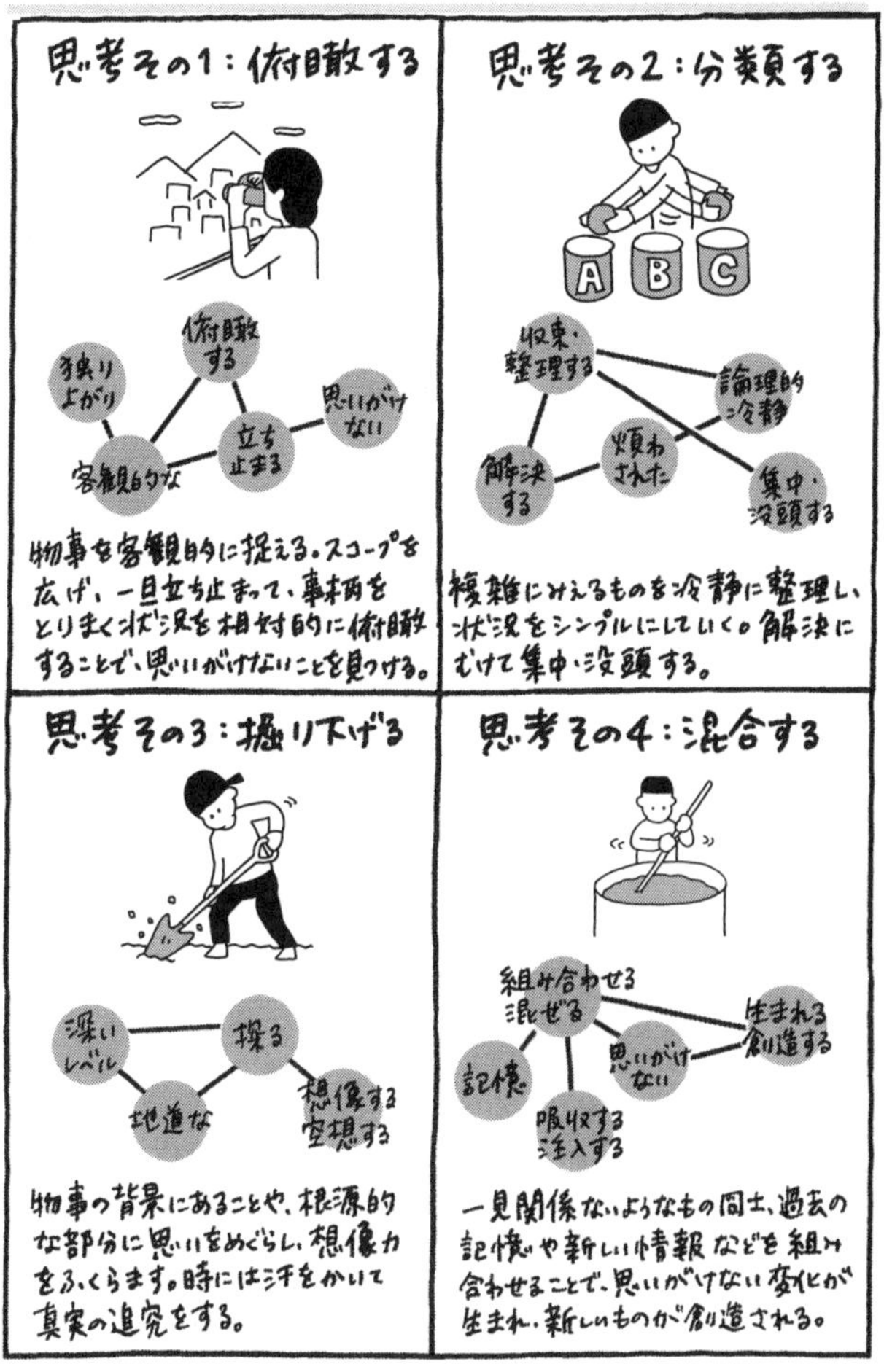
思考その1：俯瞰する
俯瞰する
独りよがり
思いがけない
立ち止まる
客観的な
物事を客観的に捉える。スコープを広げ、一旦立ち止まって、事柄をとりまく状況を相対的に俯瞰することで、思いがけないことを見つける。
思考その2：分類する
A
B
C
収束・整理する
論理的冷静
煩わされた
解決する
集中・没頭する
複雑にみえるものを冷静に整理し、状況をシンプルにしていく。解決にむけて集中・没頭する。
思考その3：掘り下げる
深いレベル
探る
地道な
想像する空想する
物事の背景にあることや、根源的な部分に思いをめぐらし、想像力をふくらます。時には汗をかいて真実の追究をする。
思考その4：混合する
組み合わせる混ぜる
生まれる創造する
思いがけない
記憶
吸収する注入する
一見関係ないようなもの同士、過去の記憶や新しい情報などを組み合わせることで、思いがけない変化が生まれ、新しいものが創造される。

4つの思考モード

の得意分野、混合はBさんの得意分野」というように、チームで効果的な役割分担をする際の指標にもできます。

ここからは4つの思考モードを使いこなすために、詳しく見ていきましょう。

スマホの競合は時計——俯瞰モード

「俯」は「ふす・うつむく」という意味、「瞰」は「見下ろす」という意味です。

2つを合わせると、「顔を下にして見下ろす」。高いところから見下ろすという行為になります。高いところから見ることで、今まで見えなかった状況や競合が見えてくることがあります。こうした隠れた競合、未来の競合に大きなチャンスがある可能性があります。

たとえば、「新しい鉄道をつくろう」という場合、競合として何を思い浮かべますか？　すぐに思い浮かぶのは、交通手段の「車・飛行機」かもしれません。また豪華なクルーズ列車の人気があがっていることを考えると、「クルーズ船」も競合になってきます。さらに広げて、食堂車で食を楽しむという視点で考えるとどうでしょう。「レストラン」も競合といえるかもしれません。

スマホも同様に、今後は高度な情報のやりとりが可能な「時計（スマートウォッチ）」や「メガネ（スマートグラス）」が、将来の競合になる可能性もあります。

このように、俯瞰モードは、視点を高くしてコンセプトの可能性を横に広げる思考モードです。

既存の枠の外に新しい可能性がないか、大きな視点で考えてみてください。

デスクトップ型か？　ノート型か？——分類モード

「わけること」は、「わかること」に通じています。わけ方をいろいろと工夫するだけで新たな発見があります。たとえばパソコン（PC）はどうでしょう。

パソコンをどのような基準でもよいので2つにわけてみると、どんなわけ方があるでしょうか。「高機能―低機能」「持ち運び用―据え置き用」「一般用―業務用」「手軽―本格」など、さまざまな分類が可能です。

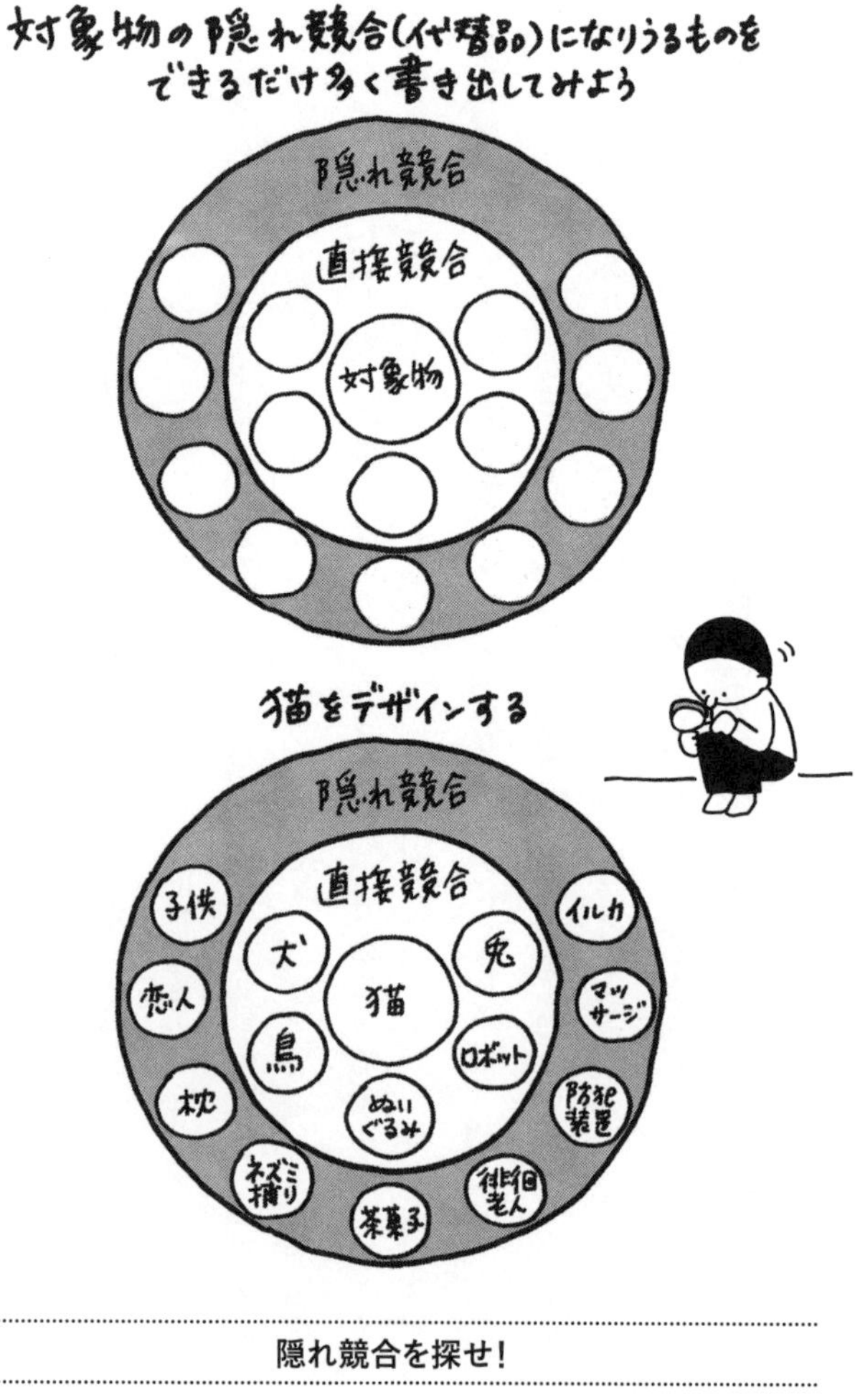
対象物の隠れ競合（代替品）になりうるものを
できるだけ多く書き出してみよう
隠れ競合
直接競合
対象物
猫をデザインする
隠れ競合
直接競合
猫
犬
兎
鳥
ロボット
ぬいぐるみ
子供
恋人
枕
ネズミ捕り
茶菓子
徘徊老人
防犯装置
マッサージ
イルカ

隠れ競合を探せ！

こうした分類の任意の2つを組み合わせると2×2の4つのタイプ、3つの軸を組み合わせる2×2×2で8個の組み合わせができます。色々な軸をつかって細かくわけていくことで、対象物をより詳細に考えていくことが可能となるのです。

ビジネスでは同じようなニーズや性質を持つ固まりを「セグメント」と呼びますが、複数種類の軸を組み合わせることで「セグメンテーション」が可能になります。

一般的には分類をするときは以下のようなものを組み合わせて軸をわけることが可能です。

・ジオグラフィック特性……地域、都市規模、国など
・デモグラフィック特性……性別、年齢、所得、職業など
・サイコグラフィック特性……価値観、態度、ニーズ、意識、性格など
・行動特性……認知、利用経験、利用頻度など

ちなみに2つの軸をとったセグメンテーションに既存の商品・サービスを配置すると、ポジショニングマップと呼ばれる図ができます。こうしたマップは、マップ上の空白位置がある軸を見つけるだけで、コンセプトを見つけることができるので便利で

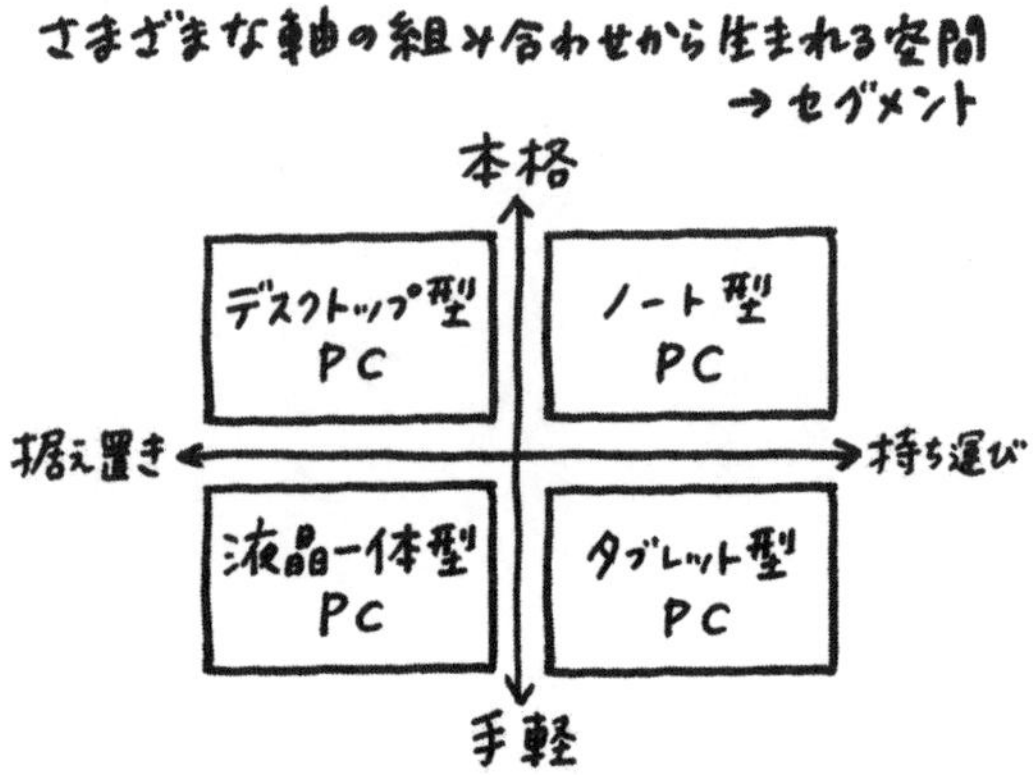

セグメンテーションとは

す。ただ、一般的によく使われている、たとえば若年層向け——高年齢層向けや、男性——女性といった軸だけで分類すると、思考停止のありがちなフレームワークになるので注意が必要です。

分類モードは、細かくわけることで新しい可能性を探索するモードです。変わった軸や、思わぬ軸の組み合わせを探ることで、新しい空白領域を探してみましょう。

「なぜ？」を繰り返すとなぜいいか？

——深掘りモード

「なるほど！　○○とはそんな価値だったのか」

思わずそんな言葉が出る、深層の本質価値に注目する思考モードが、深掘りです。深掘りするためのやり方は、問いのところでも述べましたが「なぜ?」を繰り返すことが有効です。何度も問いを繰り返すことで、自然と情報は深くなっていきます。「なぜ平和が大切なのだろうか」「なぜ人は学ぶのか」「なぜ人はお土産を買うのか」「なぜ猫を飼うのがブームなのか」など、なぜを問うことでものごとを深く考えることが可能になります。

マーケティングの世界ではこうしたアプローチ手法を「潜在価値連鎖法（ラダリング）」と呼ぶこともあり、消費者の頭の中にある新しい価値を見つける時の定番の手法の1つです。「なぜ?」を何度も繰り返し、深く掘っていくことで、商品やサービスの持つ価値を「属性・機能価値」「情緒価値」「社会・生活価値」といった段階的なレベルで構造的に把握することができます。

深掘りモードは、コンセプトの可能性を「縦に」広げるモードです。インプットで見つかった気づきを、さらにもう一段深めてみましょう。

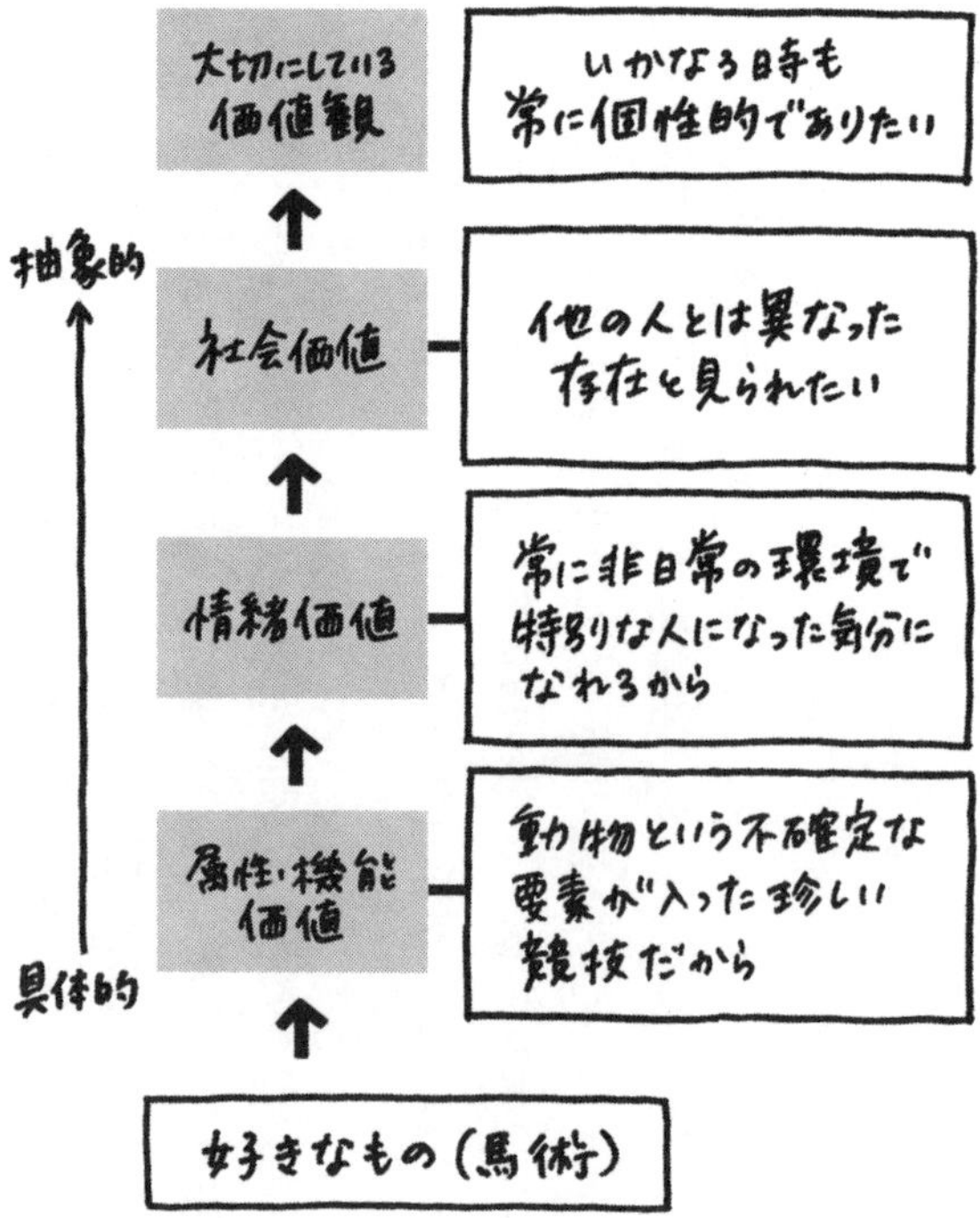

抽象的
具体的
大切にしている価値観
いかなる時も常に個性的でありたい
社会価値
他の人とは異なった存在と見られたい
情緒価値
常に非日常の環境で特別な人になった気分になれるから
属性・機能価値
動物という不確定な要素が入った珍しい競技だから
好きなもの（馬術）

なぜなぜ質問！

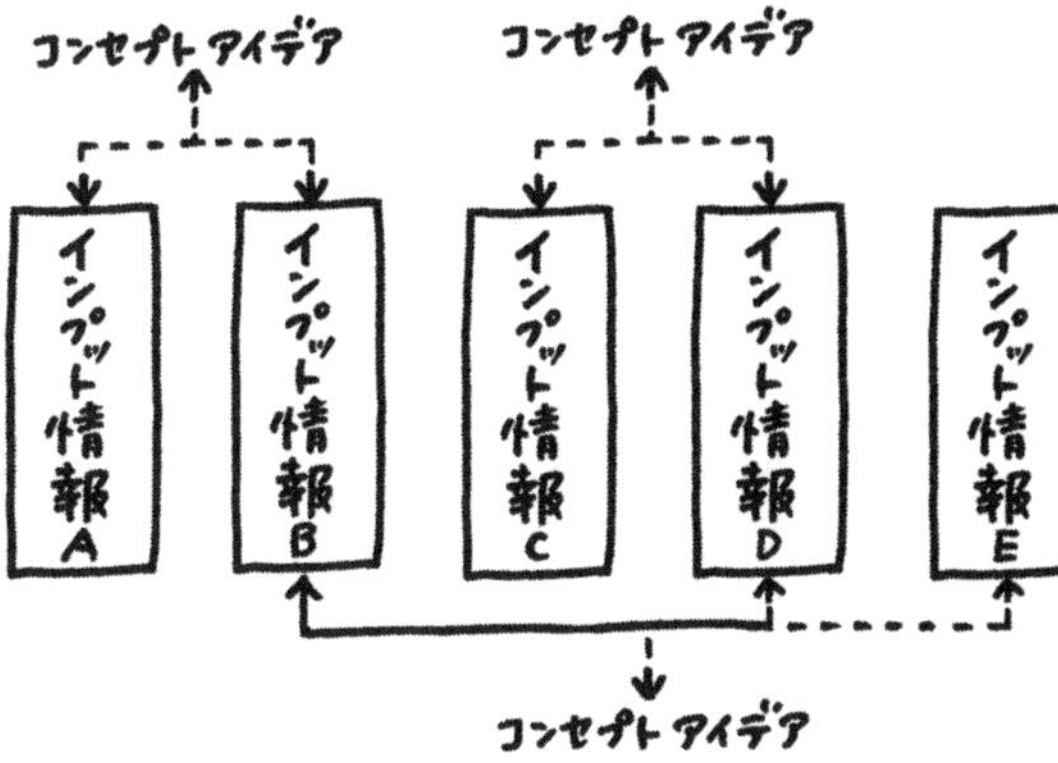

混合は、発想そのもの

関係なくても混ぜ合わせる――混合モード

「アイデアとは既存の要素の新しい組み合わせ以外の何ものでもない」というジェームス・W・ヤングの言葉や、「イノベーションの原義は、『技術革新』ではなく『新結合』である」といった言葉は、本書ですでに触れました。

つまり、新しい混合を見つけることは発想そのものであるといえます。

ここで紹介する混合モードも、混ぜ合わせることで、まったく新しいものを生み出す思考です。既に出した3つの思考モードと組み合わせるとより多彩な考えが生まれます。分類したものを組み合わせてみる。深掘りしたものを組み合わせてみる。いろいろな組み合わせに挑戦してみてください。左の図にあるような、一見関係ないものを並べて、その共通項や類似点を探す、というのも混合モードの思考の訓練には有効です。それが新しいものを生むための基本だからです。

「よいコンセプトとは何か?」を考える

「幕の内弁当」と「シウマイ弁当」売れるのはどっち?

さて、4つの思考モードを理解してもらった上で、もう一度コンセプト全体の話に戻ります。ここで留意したいのは、コンセプトの「大きさ」についてです。コンセプトも、意味が明確で狭く小さいものから、多様な概念を包含する大きいものまでさまざまです。

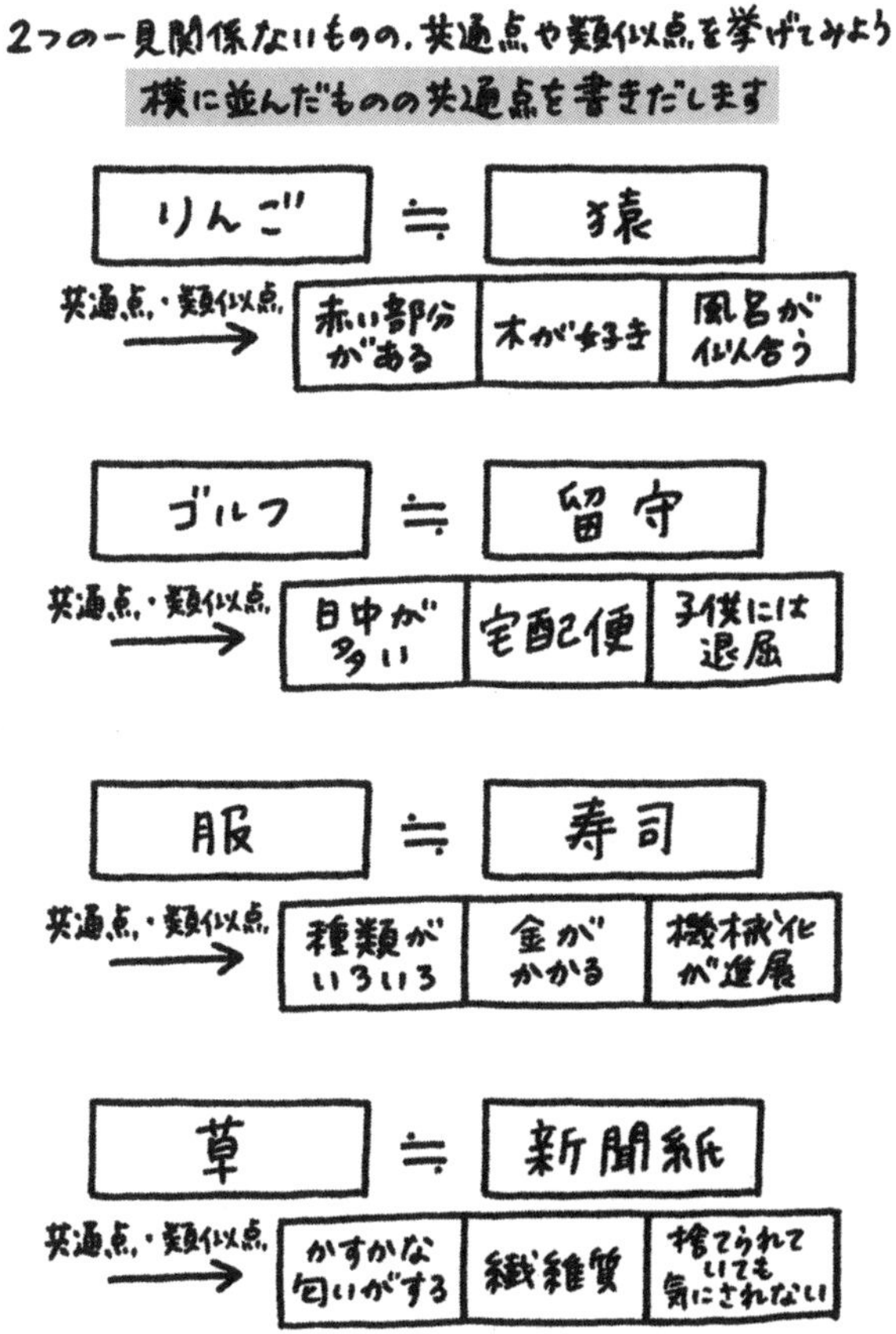

無理やり似たとこ探し！

（※やりかた）
しりとりでランダムに言葉を並べた後に、横に並んだものの共通点を書きだします。

ここで「幕の内弁当」と「シウマイ弁当」について考えてみましょう。もしあなたが駅弁を出すとしたらどちらを出しますか？　どちらが、コンセプトが大きくターゲットが広くて売れそうですか？

普通に考えると幕の内弁当の方がターゲットが広く多くの人に売れそうです。

でも、実際に日本でいちばん売れている駅弁はシウマイ弁当だそうです。

コンセプトとは不思議なもので、絞った方がよりその存在感が際立ち、結果、販売にも貢献していきます。幅広く緩いコンセプトだと一見よさそうですが、実は中途半端な70点主義に陥り、想定以上に誰にも見向きをされないということになりがちなのです。コンセプトの適切な絞り方は、持っている資産や競合環境などの状況によって異なりますが、一般的には、**思った以上に絞る**ことが大切だということは覚えておいてください。

「新しさ」とは何か？

コンセプトはアイデア全体を貫く骨格となる発想です。秀逸なコンセプトは、意外性と納得性を兼ね備えています。今までにない「驚き」だけではなく、「わかりやすさ」も同時に持つ必要があるのです。

この納得性と意外性を直接的に表現したものが、「だから／なのに」思考法です。コンセプトを考えるときに気軽につかえるので頭の中に入れておくと便利です。

「○○だから××」
「○○なのに△△」
○○には業態やカテゴリー名を、××と△△には、違うイメージや価値に関する言葉を入れます。たとえば、投稿写真が残らないSNSであれば、
「SNSだから、写真投稿できる」「SNSなのに、写真が残らない」
折れないシャープペンの場合は、
「シャープペンだから、芯を替えられる」「シャープペンなのに、芯が出ない」
24時間の無人ジムの場合は、
「ジムだから、トレーニングマシンが充実している」「ジムなのに、コンビニのよう

にいつでも気軽に利用できる」

といった感じです。

このフレームに入れてヒット商品などの世の中で魅力的なコンセプトをチェックしてみると、だいたいがあてはまることがわかると思います。フレームですので、もちろんここに入れれば自動的にコンセプトが出るようなたぐいのものではないですが、ちょっとチェックする際には便利です。

「納得感がないと、よくわからない。意外性がないと、つまらない」という点は常に大切にしたいところです。

名コピーライターになろうとしない

コンセプトを学生に考えさせると、かっこいい横文字を並べるけれど何をいいたいのかがよくわからないことがあります。コンセプトのコピーは、よく広告などで目にする、いわゆる外部向けのキャッチコピーとは異なります。

この後で紹介するホテル「レム」の場合、「睡眠に特化したホテル」というコンセコンセプトは企画全体を貫く骨格となる発想や観点。

よいコンセプトは、
納得性と意外性を兼ね備える。

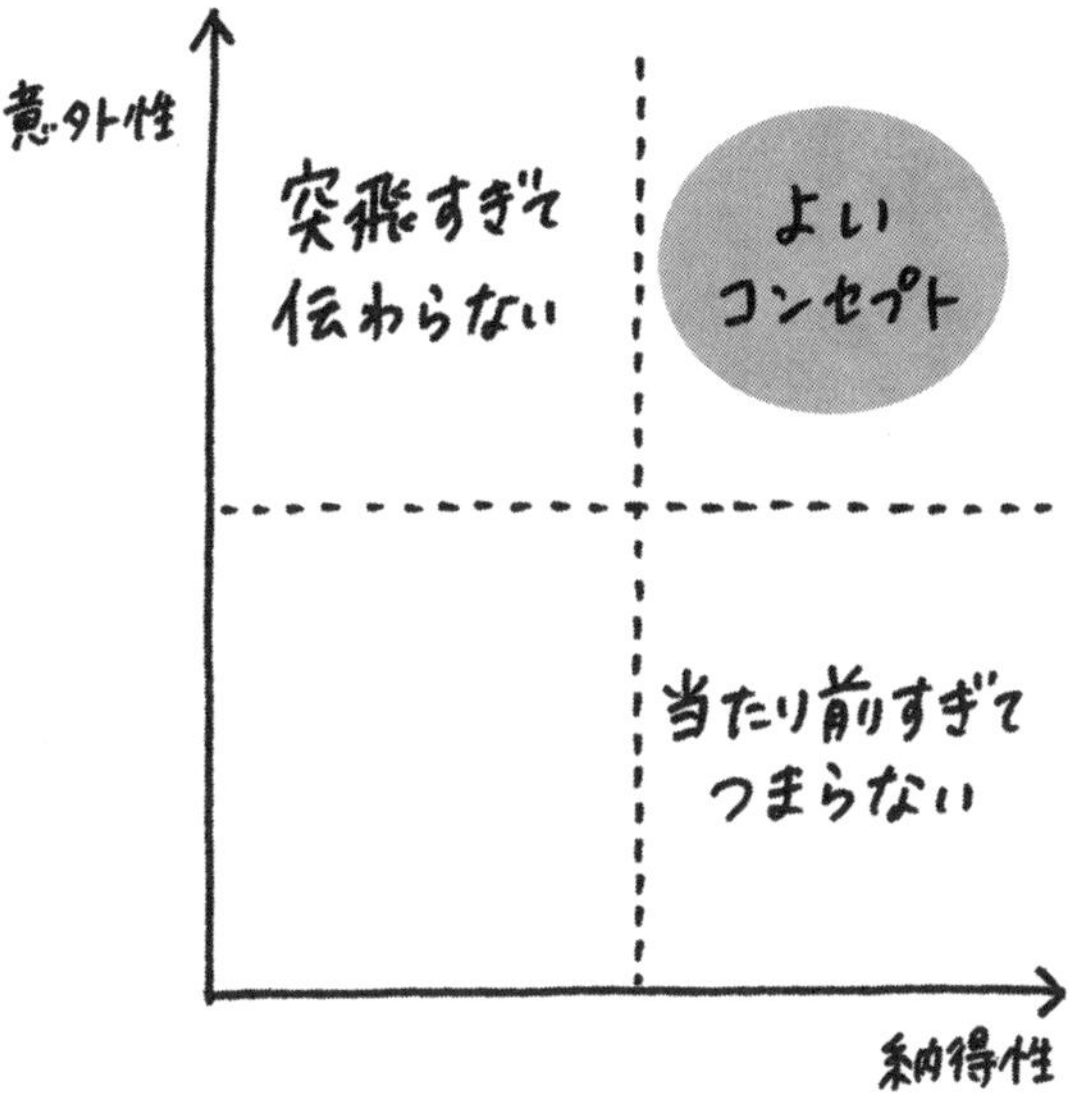

すぐれたコンセプトの特徴

プト文があり、「眠りのデザイン」というコピー（外部向け）がつくられます。

ここで注意したいのは、コンセプト文とは、言葉としての切れや美しさよりも、わかりやすく伝わるかどうかを重要視すべきということです。ついかっこいい言葉を使いたくなりますが、その必要はありません。かっこつけた言葉にすると、往々にして独りよがりで読み手に伝わらなくなってしまいます。**コンセプトとは、他の人と共有できてはじめて成立するもの**です。まずはわかりやすい平易な言葉を使うことを忘れないようにしましょう。

さらに言えば、コンセプトは必ずしも文字でなくてもかまいません。

写真、絵、動画、音などさまざまなものでも代用可能です。授業でもよくビジュアルをコラージュした「コンセプトボード」といったものを作製することがありますが、これは非言語コンセプトの一例です。

コンセプトは、考える行為のハイライトです。既存のフレームをそのまま活用するのではなく、フレームそのものを創造することから始まります。

4つの思考モードを常に意識しながら、コンセプトの考え方そのものを自由に考えていきましょう。その際は、ただ頭で考え続けるだけではなく、手を動かしながら、図を描きながら、文字にしながら、とにかく試行錯誤して今までにないコンセプトをつくり出してみましょう。

わかりやすいコンセプトが成功に繋がったホテル「レム」

私が博報堂で携わった案件の1つに、「眠りに特化したホテル」レムの開発がありました。「ビジネスパーソンを対象に、従来のホテルとは違うコンセプトのホテルをつくりたい」というクライアント（株式会社阪急阪神ホテルズ）からの要望を受け、さまざまなインプット（情報収集）を行いました。

その結果、ホテルに求めるものが人によってかなり違うということがわかってきました。ある人は夕食、ある人はPC作業ができる環境、ある人はバーなどの付帯施設、ある人は大きな浴場……などさまざまです。そうしたニーズのすべてに応えようとするとどうしても大型の総合シティホテルになっていきます。

そんな中で、若手のビジネスパーソンを中心に、「ゆっくり眠りたい」という声がありました。ビジネスユースでホテルを使う場合、食事は客先と食べることも多く、また部屋に着いたときには疲れているので仕事もせずシャワーだけで寝てしまう……という声です。そこで検証を進めていくと、当時ビジネスパーソンの出張費の範囲の価格帯で、眠りの満足度が高いホテルがほぼ存在しないことがわかってきました。

そこで行き着いたコンセプトが1つひとつの部屋を客室ではなく『寝室』と考える「眠りに特化したホテル」だったのです。

このコンセプトを立てた結果、方向性が決まり、「レム」という睡眠を連想させるネーミングをはじめ、

「眠りの最重要ツールであるベッドのマットレスは独自開発する」
「快眠と休息のためのアメニティグッズを用意する」
「気持ちよい目覚めの締めくくりとして、朝食にはこだわる」
「バスタブは設置せず疲れを癒すレインシャワーを設置する」
「バーなどの付帯設備は用意しない」

などのアウトプットが決定していきました。

現在、眠りをデザインするホテルとして日比谷、秋葉原、新大阪、鹿児島、六本木、銀座、神戸三宮などに広く展開をし、さらに拡大予定です。ホテル「レム」は、明確なわかりやすいコンセプトによってオリジナリティの高い商品・サービスが生まれた好例の1つだと思います。

練習問題 『正解のない問い』に挑む練習②

よいコンセプトがアウトプットに与える影響を理解していただいたところで、実際に前章（106ページ）でインプットした情報をもとに、コンセプトを立ててみましょう。4つの思考モードを意識しながら、頭に汗をかいて考えてみてください。情報が足りなければ、インプットに戻ってもかまいません。

①『旬』
②『学び』
③『平和』
④『遊び』
⑤『新しい渋谷土産』

どんなコンセプトができたでしょうか。思考が止まってしまった場合は、手を動かして図や文字を書きながら考えてみてください。次章からは、いよいよ実際のサービスや商品を考えていきます。

4時限目

アウトプット

――アイデアを飛躍させ、人の心を動かす――

「アウトプットとは何か?」を考える

アイデアにもう一段ジャンプを!

アウトプットは、料理にたとえるならば最後の演出。つまり、盛り付けやシーズニングにあたります。

インプット(素材集め)とコンセプト(調理)により出来上がりつつある料理を、最終的な形へと仕上げていきます。

アウトプットのプロセスでは、「**広げて具体化する**」という作業を行います。ぎゅっと絞り込んだコンセプトを広げ、形にします。その際、単に広げるだけではなく、考えをもう一段ジャンプさせることが重要です。

「アウトプット」とは何か?

ビジネスの現場では「アウトプットを出せ」といった使い方をしますが、この場合は、目に見える成果や数字といった意味で使われています。本書で言うアウトプットはこのニュアンスとは少し異なります。まずはアウトプットの定義をしてみましょう。

『とっさの日本語便利帳』(朝日新聞出版) には、こうあります。

「成果物、結果。そのもの自体は完成した書類であったり、契約の成立であったり、会議用の資料であったりと様々。個人の仕事の能力を、その結果の質と量で判断するための尺度。仕事ができる＝アウトプットのレベルが高い、優れている」

リボン思考におけるアウトプットは、結果という意味よりはどちらかといえば成果物という意味で使用しています。アイデアを含む「なんらかのつくり出したもの」が、リボン思考におけるアウトプットの定義として近いでしょうか。リボン思考の適用範囲には、商品などの具体的なモノがあるものだけでなく、企画書や設計書など「最終完成品の手前であるイメージや基本計画」なども含まれるからです。

アウトプットとコンセプトの違いは何か?

158ページでも解説していますが、アウトプットは料理にたとえるならば演出です。つまり、盛り付けにあたります。インプット（素材集め）とコンセプト（調理）により、料理の輪郭は出来上がりつつありますから、コンセプトとアウトプットは非常に近いところにあるといえるでしょう。

では、アウトプットのフェーズでは、どんなことを行うべきでしょうか?

・コンセプトの持つ意味合いを、より具体的にする
・コンセプトを起点に、アイデアをさらに広げる
・コンセプトから、アイデアをもう一段ジャンプさせる
・コンセプトを基準に「やらない」ことを明確にする

この4つが重要なポイントとなります。

153ページで紹介した、睡眠に特化したホテル「レム」を例に挙げながら、イン

プット→コンセプト→アウトプットのつながりを見てみます。

インプット……「『寝る』という、ホテルの本質的な行為以外（夕食、浴場、バーなど）に注力した宿泊施設が大半である」という発見

コンセプト……睡眠に特化したホテル

アウトプット……ホテルの部屋を、客室ではなく「寝室」と捉える。ネーミングは「レム」。キャッチコピーは「眠りのデザイン」。具体的なサービスは、五感に訴えるセンサリーデザイン、開放的なシャワーブース、こだわりのベッドと選べる枕、心地よい朝食……など

コンセプトに定めた「睡眠に特化したホテル」が、アウトプットのフェーズでは、さまざまなサービスへと具体的になり、広がっていく感覚が理解できると思います。「睡眠に特化したホテル」というアイデアをさらに一段ジャンプさせることで「客室ではなく『寝室』と捉える」といったイメージが、よりはっきりとしてきます。その

ことで「バスタブをできるだけ設置せずにシャワーブースだけにしよう」といった、「やらない」こと、「捨てる」ことも明確になっていくのです。

「アイデアをどう広げるか？」を考える

アイデアを大きく広げるには？――ブレスト活用、5つのルール

ここで、リボン思考の形状をあらためて思い出してみてください。

リボンの結び目のように絞られたコンセプトを、具体的なアイデアで広げているのがわかります。つまり、アウトプットとは、一度絞った情報を上手にもう一度「広げる」フェーズなのです。

では、アイデアはどのようにすれば広げることができるのでしょうか？　ポイントは、やはりこれまでと同じです。

「コンセプトを土台にして、とにかく量を出すこと」

量を出す作業に関しては、定番中の定番ではありますが「ブレインストーミング（通称ブレスト）」が基本です。ブレインストーミングは、アメリカの広告会社の副社長だったアレックス・F・オズボーンが開発した発想技法です。文字どおり「ブレイン（脳）で問題にストーム（突撃）する」といった意味から名付けられています。

あるテーマに対して、できるだけ多くのアイデアを出し合う——これがブレインストーミングの最大の特徴です。「アイデアの『質』は『量』に比例する」という考えに基づいているからです。

ただ、アイデアの「量」を出せといわれても、慣れていない人にはなかなか難しいかもしれません。またブレストを正しく実践していないために、せっかく場を設けたのに、意見がまったく出ないなど、会議が停滞する場面もよく見かけます。ここでは、量を出すために必ず心がけておきたい基本の5つのルールを記載しておきます。

①批判してはならない
アイデアがすべて出尽くすまで、どんなアイデアであってもよし悪しの評価を下してはならない

②自由奔放を歓迎せよ
制約やタブーを排除する。途方もないアイデアをよしとする。その時点では、実現不可能なことも、他のアイデアと組み合わせることで実現可能になることもある

③質より量
アイデアが多ければ多いほど、最善のアイデアが見つかる可能性が高まる。「千三つ」の言葉どおり「1000個のアイデアのうち面白いのは3個程度」と心得る

④アイデアに便乗せよ、結合せよ
アイデアと個人を紐付けしない。発言者の役職や年齢に、アイデアの価値が左右されてはいけない。すべてのアイデアは、個人のものではなく、チームのものであり、「場」が生み出したアイデアである。カンニング推奨。他人のアイデアに積極的に便乗し、結合し、発展させせよ

⑤アイデアの出やすい場をつくれ

飲食禁止のもと、かしこまった服を着て、創造的なアイデアを考えよ！　というのは難しいもの。新しく、自由な発想は環境を整えることで生まれる

ブレスト中に他人のアイデアを批判する人はどうしても出てくるものです。そんなときは、5つの原則を明文化して、全員が目につくところに貼っておくとよいでしょう。万が一、批判やダメ出しが出てきてしまったら、進行役が「原則を忘れないでくださいね」と一言注意するだけで済むからです。

これまでみなさんに何度もお伝えしているとおり、手法に「正解」は存在しません。また手法に依存しすぎると、新しい考えは生まれてこないので常に注意が必要です。これはインプット・コンセプトと同じように、アウトプットの作業においても同じです。ただし、ここでもいくつかの手法を基礎知識として頭に入れておくことは、引き出しを増やすという観点からは重要です。

ここでは、ブレスト（ブレインストーム）以外の、3つの代表的なアイデア拡散法について触れておきます。

発想力は「才能」ではありません。アイデアを広げるのは、とにかく「量」です。工夫すれば誰もがたくさんのアイデアを出せるようになります。そのためには、漫然と白紙に向かうのではなく、「**考え方自体を考える**」ことが大事になってきます。

アイデア拡散①「ブレインライティング」

まずは「ブレインライティング」です。

1968年にドイツでホリゲルという形態分析法の専門家により開発された、伝統的な強制発想法です。大人数でも簡単に効率よく多数のアイデアが出るので、授業では頻繁に使用しています。

ブレインライティングの基本形は、次のようなものです。

・6人の参加者で6枚のシートを使う

・各自が各回3つずつのアイデアを2分以内に考え、用紙に記入し、隣に回す

「質」よりも「量」を重視して意見を出し合う手法で、議論せずにシートにアイデアを書き出すところが特徴です。全員が無言で集団思考を行うため「沈黙のブレスト」とも呼ばれています。

授業では、「Brain Writing Sheet」という記入用の独自シートを使い、次のようにアレンジした形で、ブレインライティングを導入しています。6人で行えば、わずか12分で108のアイデアが集まります。

〈東大BDS流「ブレインライティング」のやり方〉

①「Brain Writing Sheet」の上部に抽出した価値を1つずつ書き入れる
②各自1枚シートを持ち、シートに書かれた価値をもとに、2分で3つのアイデア（=横1列分）を考え、マスに書き入れる　※1マス1アイデア
③2分たったら、自分のシートを隣の人に回す

④2枚目からは、シートに書き入れられた価値をもとにしつつ、1つ上のマスに書いてあるアイデアも参考にして、新しいアイデアを考える
⑤前の人が埋められなかったマスは、次の人が埋める
⑥点線を越えて5の欄に突入したら、今度はそのシートに書かれている価値が「もしもなかったら／もしも否定されたら」という前提でアイデアを考える

お気づきのように、⑥のステップでは、コンセプトと逆のアイデアが出ることになります。そのため、ここで出たアイデアが採用されることは基本的にはありませんが、時折、面白いアイデアが生まれる可能性もあるので、考えを広げるためにあえて行います。ちなみに「コンセプトを否定したアウトプットのほうが断然面白いぞ」となった場合は、コンセプト作りからやり直します（ここでも行きつ戻りつすることを恐れずに、やり直しを決断することが大切です）。

なお、すべての欄に記入し終えた後、シートを再度回覧します。

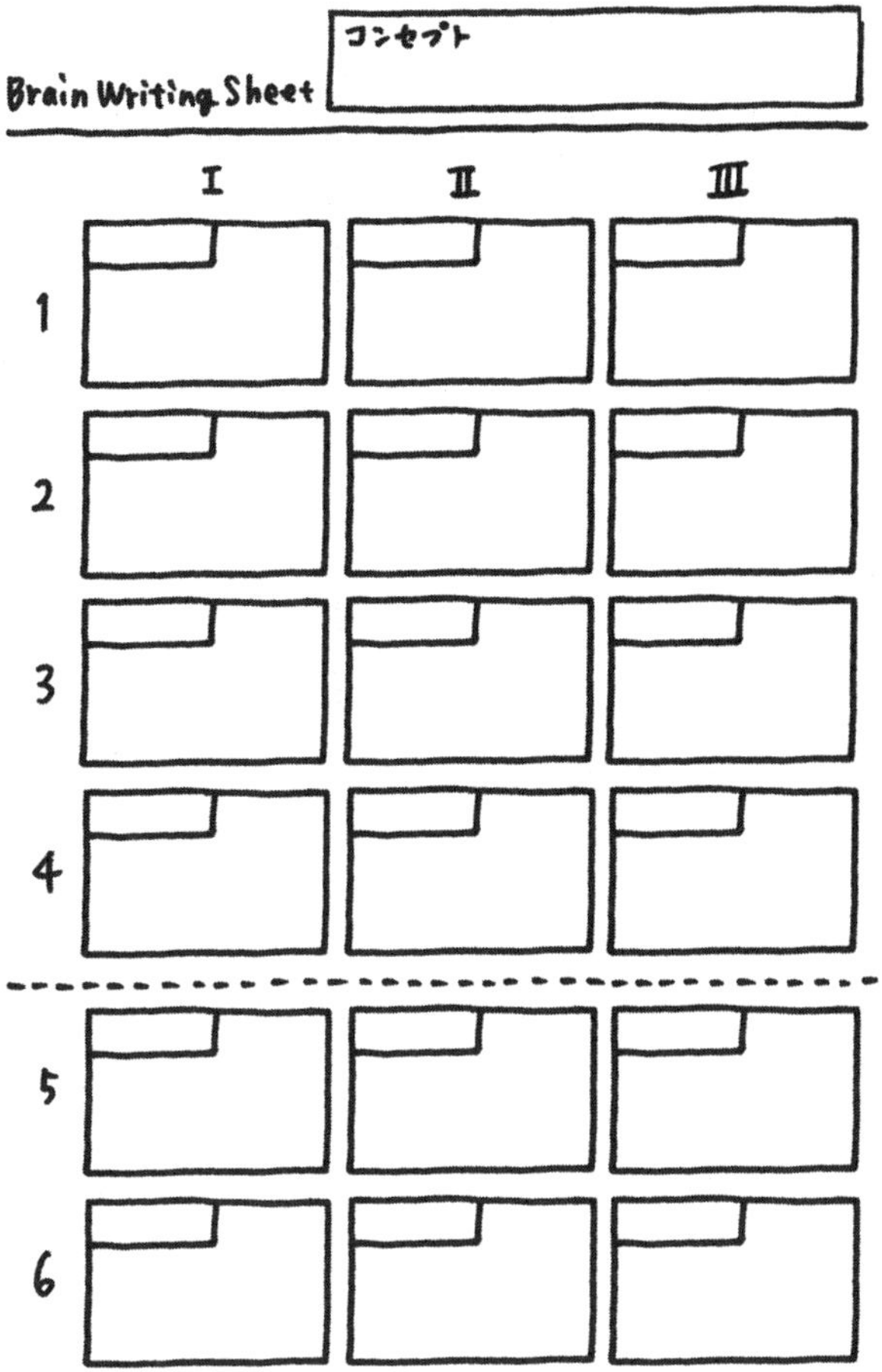

東大式・ブレインライティングのシート

そして、よいと思ったアイデアが記載されている左上の四角い欄に★印をつけていきます。無記名でアイデアのみ記載されているので、誰が書いたアイデアかはわかりません。★印の数を見直すことで、自分が出したアイデアの評価が、他人の評価とはギャップがあることがわかります。

「自分では面白いアイデアだったのに、他人からはまったく評価されない」

そんな場面も当然ありますが、学生たちにとっては自分のアイデアを客観的評価にさらすよい機会にもなっています。また、多数のアイデアの中から面白いものを見出すトレーニングにもなります。

ブレインライティングで意識したいのは、次のことです。

①「1人で考える」ことの重要性

みんなで考えるということは、自分は考えなくてもいいということではありません。博報堂では、「ミーティング」ではなく「打ち合わせ」という言葉を使います。「ミーティング」という言葉は「集まる」ことを目的と感じさせるイメージですが、

「打ち合わせ」は自分がつくってきたアイデアを「ぶつけ合う」ニュアンスを感じさせるからです。自分のアイデアをぶつけるためには、打ち合わせ以前に、まず1人で考えておく必要があるのです。

②「数を出す時間」と「検討する時間」をわける

「数を出す時間」を経てから、「検討する時間」に移行します。

ここで大切なことは、数を出す時間には、個々のアイデアのよし悪しを検討しないということ。1つのアイデアに固執しないことも重要です。

③話してまとめる前に、まずは「書く・描く」

未完成でも不完全でも気にせず、とにかく文字や絵に定着させましょう。話してまとめてから書こうとしてはいけません。まず、手を動かし、書いて見えるかたちにしてから、口を開きましょう。

④「連想ゲーム」を楽しむ

自分ではダメだと思うアイデアも、誰かのヒントになります。断片でも構いません。次の人に託すイメージで、とにかく何か書いておくことが大事です。

アイデア拡散②「チェックリスト法」

チェックリスト法は、ブレインストーミングを考案したオズボーンが提唱しました。「オズボーンのチェックリスト」と呼ばれ、9つの質問項目で成り立っています。

これをボブ・エバールという教育者が改訂したものが「SCAMPER」と呼ばれるチェックリスト法です。

SCAMPERでは、以下の7つの観点からアイデアを考えます。

① Substitute（変える・替える・換える）

何か他のものと替えられないか？

要素やプロセスを別のものに置き換えられないか？

② Combine（結合する）

何かと結合してみるとどうなるか？

要素と要素やプロセスとプロセスをまとめられないか？

③ Adapt（適応させる）

何かに応用・適応させてみるとどうなるか？
新しい要素やプロセスを無理やり加えるとどうなるか？

④ Magnify・Modify（拡大・修正する）
要素の大きさや性能を変化させるとどうなるか？
動作させる環境を変化させたらどうなるか？

⑤ Put to other purposes（別の用途・目的に使う）
別の目的に使えないか？　別の市場で売れないか？
別の文脈に置き換えて新しい意味を持たせられないか？

⑥ Eliminate（何かを取り除く）
部品やプロセスをナシにしてみるとどうなるか？
いったん退化させることで、進化の別の方向を探れないか？

⑦ Rearrange・Reverse（並び替え・逆さまにする）
要素の並びやプロセスの順番を、上下、内外、前後、左右と逆にしたらどうか？
組み合わせ直すとどうなるか？

授業では、さらに絞り込んで次の4つに集約して活用しています。

①「人の視点を変えてみる」
②「時間・空間を変えてみる」
③「カタチを変えてみる」
④「意味を変えてみる」

「人の視点を変えてみる」というものだけでも、赤ちゃん、100歳の老人、総理大臣、アメリカ人、宇宙人……など、さまざまなバリエーションが考えられるはずです。チェックリストはここに挙げたものの他にもさまざまなものがありますので、自分に合ったチェックリストを常に頭の中に用意しておくと便利です。もしくは自分だけのオリジナルのチェックリスト作りに挑戦するのも有効です。

人の視点を変えてみる

その商品の大ファンだったら
その商品が大嫌いな人だったら
宇宙人だったら
赤ちゃんだったら
アインシュタインだったら
女子高生だったら
言葉も通じず知識もない人だったら
小学生だったら
戦時中の人だったら
飢餓状態の人だったら
総理大臣だったら
100才だったら
自分の親だったら
社長だったら
昔の学校の先生だったら
自分の一番嫌いな人だったら
微生物だったら
お母さんなら
江戸時代の人だったら
高齢者だったら
外国人だったら
夢の中だったら

時間、空間を変えてみる

石器時代だったら
100年後だったら
それがなくなったら
時間に限りがなかったら
最も人がいない時だったら
100年前だったら
100m先から見たら
それしかない国だったら
何も周りになかったら
10年後　10年前だったら
宇宙ステーションだったら
トイレでふんばっている時だったら
海の中だったら
土星の輪っかの上だったら
夜しかない国だったら
四次元ポケットの中だったら
色のない世界だったら
自分の細胞の中だったら
戦国時代だったら
−100度だったら
貨幣がない国だったら
空から見ると

カタチを変えてみる

地球サイズにしてみる
目に見えない大きさにしてみる
可能な限り小さくしてみる
違う素材にしてみる
できるだけ長くしてみる
手のひらサイズにしてみる
半分に分けてみる
こわしてみる
とがらせてみる
まるくしてみる
手ざわりを良くしてみる
分子にしてみる
できるだけ短くしてみる
平面にしてみる
さわれなくても良くしてみる
"可変"してみる
みじん切りにしてみる
臭くしてみる
地球と同じ形にしてみる
やわらかくしてみる
だれも同じ想像にならない形にしてみる
見えないものにしてみる

意味を変えてみる

似たものをあげてみる
反対のものをあげてみる
最下位を狙ってみる
笑えるものにしてみる
シンプルにしてみる
子供に伝わるようにしてみる
たとえてみる
けなしてみる
言い換えてみる
辞書に書いてみる
動物にたとえてみる
まとめてみる
ぐちゃぐちゃにまぜてみる
"楽しいもの"と考えてみる
つまらないものと考えてみる
複雑にしてみる
大人なイメージにしてみる
美しいものにしてみる
デジタル化してみる
アナログ化してみる
自分しかわからないものにしてみる
内容が薄いものにしてみる

東大ブランドデザインスタジオ式チェックリスト

アイデア拡散③「ランダムインプット強制発想法」

これは、想定したテーマとまったく関係のない情報によって、そこから連想される特性やイメージをヒントにアイデアを発想する手法です。枠にはまりがちな発想を跳躍させる効果があります。1人で行うよりも、大勢で刺激し合いながら、しかも短時間で一気に行うのに適した発想法といえるでしょう。

やり方は、次のような手順で行います。

①アイデアを出す対象となるモノやサービスを想定する
②ランダムに情報（単語・絵・図）を入手する
③入手した情報から連想できる、特性やイメージをリストアップする
①と③を掛け合わせることで強制発想を行う

このとき、②の情報入手には、

「目をつぶって辞書を開き、指差した単語を選ぶ」
「ランダム機能のついた電子辞書を使って単語を選ぶ」
「新聞や雑誌の切り抜きを袋に入れてくじ引きのように取り出す」

といった手段を用いますが、ランダムであればどのような情報でも大丈夫です。
つまり、偶然の力を最大限に利用するのです。

たとえば「お土産の新しいアイデアを考える」というテーマの時に、ランダムに情報を選んだら「居残り」という言葉が出てきたとしましょう。2つを掛け合わせると「持ち帰らないお土産」という発想が出てくるかもしれません。もし「カメレオン」という言葉が出たとしたなら、「カメレオンのように自由にカスタマイズできるお土産」といったアイデアにつながります。
この方法は手軽で、慣れるとすぐに発想を広げることができるので効果的です。さらに仲間同士でワイワイやりながら行うことで、アイデアもよりジャンプしやすくなるでしょう。

なぜMBAのエリートは幼稚園児に負けたのか

アイデアを考える際に発想法と同じくらい有用な行為が「**プロトタイピング**」です。昨今ではビジネスの世界でもかなり一般的に使われています。「プロトタイピング」とは、頭の中にある完成前のアイデアを、言葉や文字以外で表現し、「見える化」することです。完成度が高くなくても、粗くてもよいので、「アイデアが実現した後の姿」をカタチにして示してみることが重要です。

アメリカのデザイン思考教育で有名なイリノイ工科大学デザインスクールでも、

"Low Fidelity, Early Failure."
精度はともかく、早くつくってみて、失敗から学ぶ。

をモットーにしているそうです。あまりつくり込まず、問題点や失敗を早めに見つけることが大事なのです。

では、なぜプロトタイピングが重要なのでしょうか？

象徴的な例として挙げたいのが「マシュマロチャレンジ」というゲームです。学術、エンターテインメント、デザインなどさまざまな分野の一線で活躍する人物がプレゼンテーションを行う講演会「TED Conference」において、ソフトウェア開発者のトム・ウージェックが発表し、世界的に広く知られるようになりました。

次のようなルールで、幼稚園を卒業したばかりの子供と、ＭＢＡを取得したばかりのエリートが競争しました。結果はどうなったでしょうか？

使えるものは、〈パスタ20本〉、〈テープとヒモを90センチずつ〉

※テープで足場を固定する以外は、使い方は自由です。

自立式のタワーを作り、マシュマロをできる限り高い位置に置いてください。マシュマロはパスタに刺さった状態でもＯＫです。

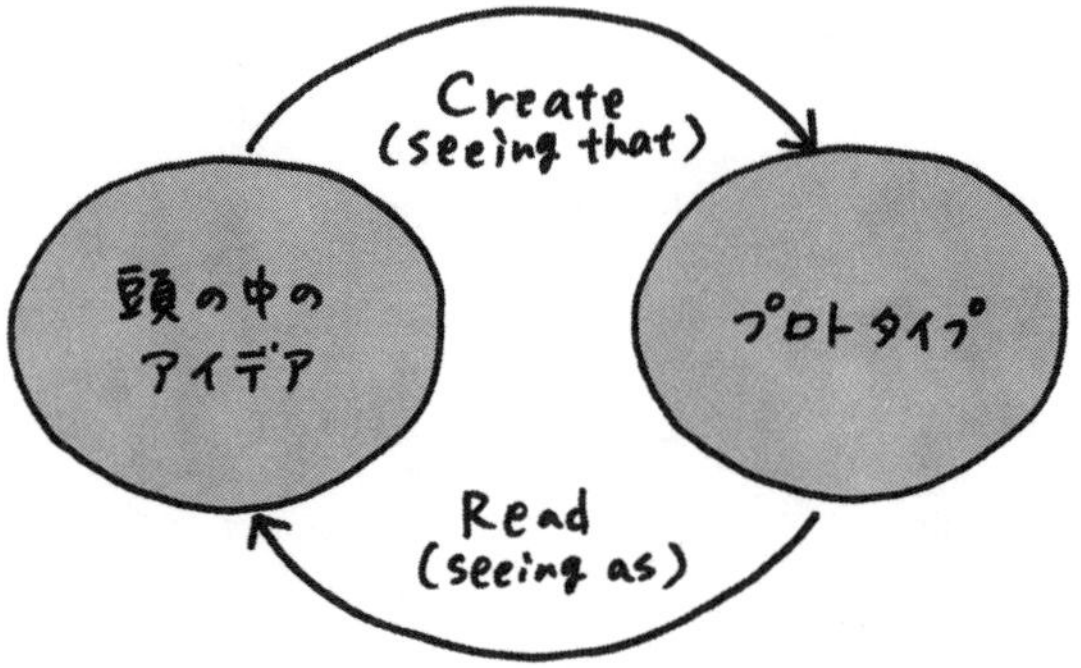

Sketching User Experiences: Bill Buxton より一部改編

プロトタイピングを行う目的

制限時間は18分間です。

机からもっとも高い位置にマシュマロを置けたチームが勝利です。

ただし、計測が終わるまで自立している必要があります。

結果は、幼稚園児たちの圧勝、ＭＢＡエリートたちの完敗だったそうです。

なぜ、そのような結果になったのでしょうか？

大きな理由が2つあります。

1つは、幼稚園卒業チームのほうが、何度も何度も、手を動かしながら試行錯誤を繰り返していたこと。もう1つは、ＭＢＡ

チームの方は議論してばかりで、手を使わず実際にマシュマロを置いてみたのは最後の最後だったこと。このことから私たちが得る教訓は、「とにかく、実際にやってみる。頭の中で想像できないことが、実際には起こり得る」ということなのです。東大でも授業だけでなく学園祭の企画としてもこのマシュマロチャレンジを実施したりしますが、初めて行うと多くの人が上手にタワーを立てることができません。

南アフリカ出身でアメリカの数学者・計算機科学者・発達心理学者であるシーモア・パパートは「コンストラクショニズム」という概念を提唱しています。手と頭は連携を取り、相互に信号のやり取りをしながら、新しい知識を構築していくという理論です。

つまり、頭だけで考えていても、新しい知識は構築できない。何かをつくることで考えを深めることができる——ということです。

この考え方は「新しいものをつくる」現場では、共通認識となっています。

カリフォルニアのパロアルトに本拠を置く、世界的に著名なデザインコンサルタン

ト会社、IDEOでは、
“We think to build, build to think.”
考えながら作り、作りながら考える。
という言葉がよく使われています。プロトタイピングの素晴らしさは、問題点を事前に察知するだけでなく、過程を通じて新たな考えを誘発できる点にあるのです。

プロトタイピング、5つの手法

「プロトタイピング」の手法はさまざまですが、その中から代表的なものをいくつか紹介しましょう。

- **アイデアスケッチ**……4コマ展開で使用シーンを絵にしてみる
- **ラピッドプロトタイピング**……ラピッド（簡易）プロトタイプを制作し、アイデアの検証を行う
- **モックアップ**……原寸大の模型をつくってみることで、スケール感や実物大で初めてわかる使い勝手を検証

・**顧客体験シナリオ**……動画やスケッチを駆使し、使用実感をストーリー形式で紹介し、反応を検証する
・**スキット（寸劇）**……商品・サービスの提供者とユーザーにわかれ、即興演劇を行い、リアルな反応を得る
・**エビデンシング**……商品・サービスができたときの実際の使われ方や実現した未来の姿を動画などにして、その世界を共有する

ラピッド（簡易）プロトタイプ制作では、アイデアが絞り込まれていない場合、複数案のプロトタイプを制作し、絞り込みのための検証などを行うことも有効です。

さらにユーザビリティを検証するため、より精度の高いプロトタイプを制作し、実際の現場で検証を実施することもあります。授業では比較的誰でも簡単にできるために、ラピッドプロトタイピングや即興劇（スキット）によって、考えたアイデアの検証を行っています。

「アイデアをどうまとめるか?」を考える

魅力的なアイデアを捨てるべきとき

コンセプトを起点に、アウトプットのアイデアはさまざまな広がりを見せます。たとえば、ある商品を市場に送り出す場合、商品コンセプトをもとに機能やUIデザイン、ネーミングを決め、広告の展開、営業ツールの制作、セールストークなど、さまざまなアウトプット活動アイデアが必要となります。

このとき、こうした活動は個別に面白いアイデアを膨らませるのではなく、コンセプトに立脚し、1つの統合性を維持しながら考えていく必要があります。

なぜなら、アウトプット活動が統合されていないと、受け手に混乱と不信を引き起こすからです。たとえば、WEBやパンフレットの触れ込みでは「ヨーロッパ調のお城のようなレストラン」だったのに、実際の店に入ってみたら「重厚な和風テイスト」だったらどうでしょうか？

いわれてみればごくあたりまえのことなのですが、担当者や担当セクションがわかれてくると、どうしても部分最適になりがちで、アウトプット活動の統合性は失われていく傾向があります。ここで認識しておきたいのは、「単体で魅力的なアウトプットが必ずしもよい活動アイデアではない」ということです。

次頁のマトリックスを見てください。

右上にある「〝正〟アウトプット」の領域は、コンセプト強化になり、かつ評価が高い領域です。当然、この領域に入るものを目指すことになります。

注目したいのは「〝外〟アウトプット」の領域です。

ここは「評価が高いがコンセプト強化には寄与しない領域」、つまり「非常に面白いがコンセプトとはズレている」領域です。

たとえば、著名な演歌歌手を招くことができても、公演場所をイメージと異なる高級フレンチレストランに選んでしまえば、レストランのブランドは損なわれてしまう

魅力的なアプトプットが必ずしもよい活動ではない

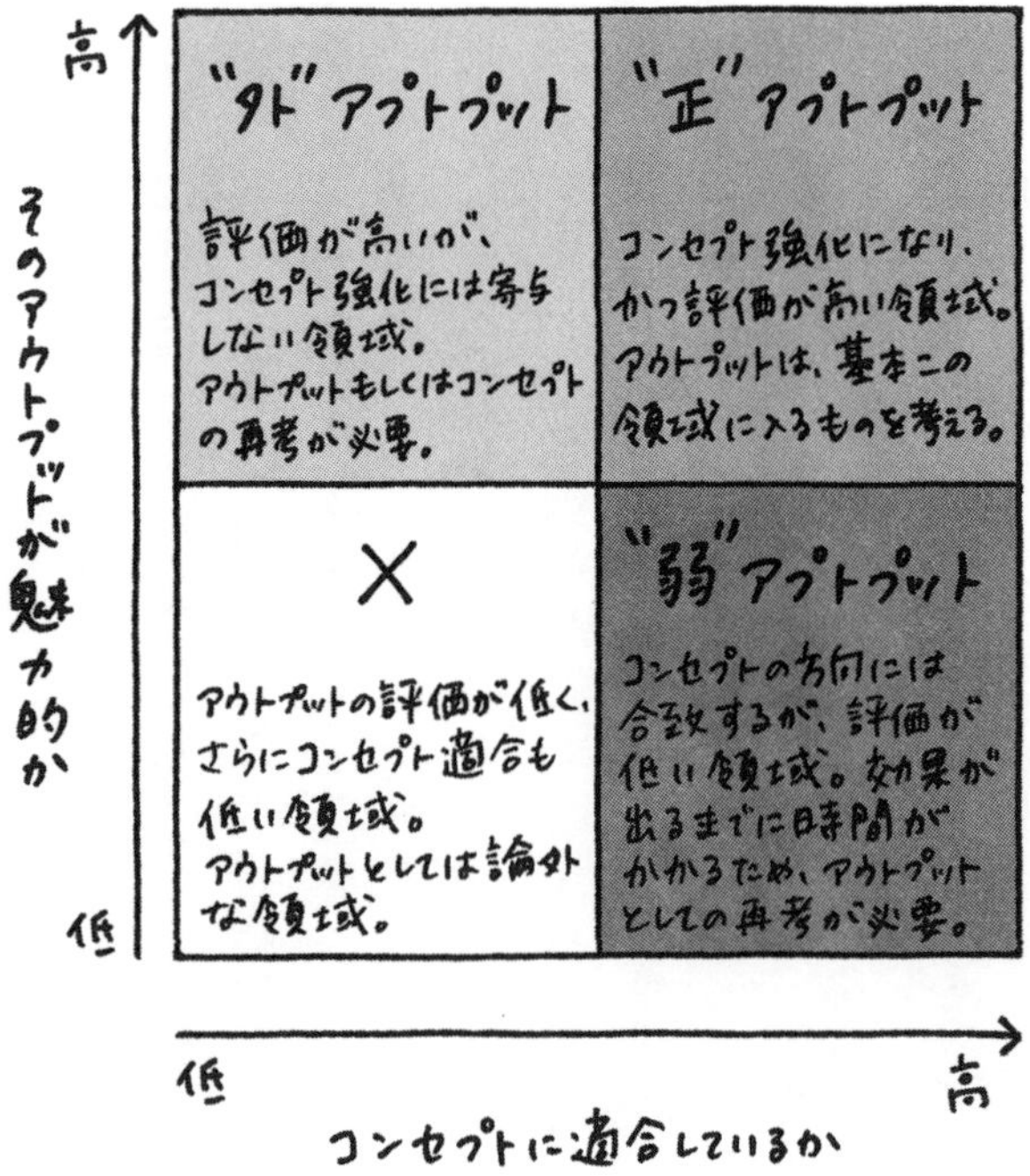
高
そのアウトプットが魅力的か
低
"外"アプトプット
評価が高いが、コンセプト強化には寄与しない領域。
アウトプットもしくはコンセプトの再考が必要。
"正"アプトプット
コンセプト強化になり、かつ評価が高い領域。
アウトプットは、基本この領域に入るものを考える。
×
アウトプットの評価が低く、さらにコンセプト適合も低い領域。
アウトプットとしては論外な領域。
"弱"アプトプット
コンセプトの方向には合致するが、評価が低い領域。効果が出るまでに時間がかかるため、アウトプットとしての再考が必要。
低
高
コンセプトに適合しているか

▲

策定したコンセプトに基いた判断基準

アウトプットのポイント

でしょう。コンセプトと適合しない、単なる面白いアイデアを組み合わせるだけでは全体最適は起こりません。コンテンツ自体がどんなに魅力的なものであっても、「〝外〟アウトプット」の領域にあるアクションの実行は踏みとどまるべきなのです。

もしそのアウトプット・アイデアが、どうしても捨てられないほど魅力的な場合は、フェーズを遡り、コンセプト自体を見直す必要があります。アウトプットを選ぶときは、そのアイデアが魅力的かだけではなく、**コンセプトとの適合度を常に意識して考える**ことがとても重要です。

ストーリーを人に語れますか？

アウトプットの仕上げは、「ひとつの物語（ストーリー）になっているかどうか？」です。魅力的なストーリーが語れないアウトプットは「再検討の必要あり」といえます。

ここでいう物語（ストーリー）とは何でしょうか。

「なぜそれを考え出したのか？」

「そのモノやサービスは、どのように世界を変えるのか？」

「他に真似できない、価値ある魅力的な〝らしさ〟はあるか？」

「どのように人を幸せにするのか？」

「どのように社会をよりよくするのか？」

「モノやサービスの前後で何が変わるのか？」

「どんな想いでそれをつくったのか？」

などの強い想いを乗せた、聞き手をワクワクさせる内容のことを指します。

物語には、いくつかの「型」があります。

①「**起承転結**」……そもそもは、漢詩の絶句を組み立てる「型」であった。起は「物語の始まり」、承は「始まりの続き」、転で「逆転が起こる」、結で「結果に至る」。4コママンガが代表的。
②「**ビフォア、アフター**」……開始前と開始後が比較でき、成果の見えやすい「型」。
③「**守破離**」……日本での茶道、武道、芸術等における師弟関係のあり方の1つ。

「守」は「師や流派の教えを忠実に守り、確実に身につける段階」を指す。「破」は、「他の師や流派の教えについても触れ、よいものを取り入れ、心技を発展させる段階」を指す。「離」は、「1つの流派から離れ、独自に新しいものを生み出し、確立させる段階」を指す。

④**「セパレーション**（**分離・旅立ち**）、**イニシエーション**（**通過儀礼**）、**リターン**（**帰還**）**」**……世界の英雄伝説に共通している構造。『桃太郎』や『スター・ウォーズ』などが該当。

私たちの身の回りには「物語」があふれています。

1つの好例が、京都にある銀閣寺の回遊式庭園です。銀閣寺の全容は、庭に入っただけでは拝むことができません。庭をめぐる小径を歩き、小高い場所へと進んだところで、ようやくその姿に出会えるのです。渋さと神々しさを兼ね備え、美しい庭にたたずむ銀閣寺。その姿を目にする感動は、小径を歩く時間という「物語」と共に高まっていくわけです。

「ブランドの神様」とも呼ばれるアメリカの経営学者デービッド・アーカーは、価値には「機能的価値」「情緒的価値」「自己表現価値」の3つがあると述べています。

自動車でいえば、機能的価値は「走るということ」、情緒的価値は「気に入った自動車を選んで得られる満足感」、自己表現価値は「その自動車で大切な人と共にドライブする快感」などがあてはまります。「物語」が語れるということは、機能だけでなく、情緒的価値や自己表現価値も含めたアウトプットだということの証です。

魅力的な「物語」がついてくると、アウトプットの考え方も深みが増します。アウトプットは、絞ったコンセプトを具体化するフェーズ。魅力的な「物語」を紡ぎながら、コンセプトからもう一段ジャンプさせて考えを膨らませてみてください。

練習問題 『正解のない問い』に挑む練習③

では、前章（155ページ）で作ったコンセプトをもとに、実際のサービスブランドや商品を考えてみましょう。

さまざまな視点や考え方を使い、アイデアを広げていってください。重要なのは、とにかく量を出すことです。時間制限はありませんので、納得いくまで考え抜いてみてください。

①『旬』
②『学び』
③『平和』
④『遊び』
⑤『新しい渋谷土産』

どんなサービスブランドや商品が思いつきましたか。今までの自分では思いつかなかった、まったく新しいものが生み出せたでしょうか。

いつもと似たようなアイデアに落ち着いてしまった人も、安心してください。今回やっていただいたのは、あくまで基本の型に慣れる練習です。リボン思考は、仲間と共に問題に挑むことで本来の力を発揮します。

今回の出題元であるBranCo!も、複数人で共に挑むコンテストです。もちろんコンテストですので、アイデアを競い合ってもらい、最後に評価をします。優秀な成績を収めたチームのアイデアは、企画やデザインの最前線で仕事をするプロも、舌を巻くほどのものばかり。ここでは、練習問題と同じテーマに出場したチームの中で、魅力的だったアイデアをいくつか紹介します。

「インプット」→「コンセプト」→「アウトプット」が具体的にどのようなプロセスを踏んだのかを、流れに沿って見ることで、1つの「物語」となっている様子を感じてもらえると思います。

【『旬』を考える】

「『旬』に関する新しいブランドをデザインする」は、BranCo!の初期のテーマでした。その中で優秀な成績を収めたチームの「物語」を紹介します。

このチームは、「旬」を正面から捉え「旬」といえばやはり「食」だろうと考えたところからスタートしました。

彼らは「『旬』には美味しいという味覚価値以外にも何か別の価値があるのではないか？」という「問い」を立てました。そして、まずは生産している人たちに話を聞きに行こうと農地に赴き、農家の方々にインタビューをしました。

〈インプット〉

すると、興味深い話が聞けました。農家の人いわく「旬＝露地栽培」であると。ハウス栽培の商品に、旬は関係ありません。さらに農家の人は「露地栽培は厳しい体育会のようなものだ」と教えてくれました。雨に耐え、風に耐えて育ったものだけが出荷される。つまり、「旬というのは、厳しさに耐えてきた証」であると聞いてきたわけです。「なるほど、『旬＝たくましさ』というイメージがあるのか。これは何かに使えるんじゃないか」――ここに彼らの大きな発見がありました。

彼らはインタビューをもとに「たくましく生きるということと、ビジネスパーソンの生きざまには何か関係性があるんじゃないか」と、新たな「問い」を立てました。そして、ビジネスパーソンが登場するマンガをひたすら読み続けて、「ビジネスパーソンが『たくましさ』についてどう考えているか」「忙しいときにどのような行動をとっているのか」などを調べました。その結果、「どのマンガでも仕事や遊びで忙しいときには栄養系のドリンクを飲んで頑張っている」ということを発見しました。

〈コンセプト〉

「旬=たくましさ」というイメージと「ビジネスパーソンは栄養系のドリンクを飲んで頑張る」という調査結果の2つを掛け合わせて、新しい商品ができないかと考えたわけです。そして、「自然を生き抜いてきたエネルギーを、たくましく今を生き抜く人に注入する=青空飲料」というコンセプトが生まれました。

〈アウトプット〉

彼らは商品名を「青空飲料　SURVIVOR（サバイバー）」としました。材料は旬でできた素材とし、春夏秋冬で素材を変えることにしました。たとえば秋ならばカボチャとザクロとニンジンを使用する……という提案でした。

『学び』とは？　新しい学びのサービスを作ろう

学びをテーマにしたBranCo!の回で非常にユニークで面白い視点を提示してくれたのが、このチームです。

〈インプット〉

このチームのインプットの問いは、「学びを単位で表すとしたらどのような単位を用いて表すのだろうか」というところから始まりました。アンケートの結果、学校での学びは「点数・%」が多く、学校外の学びは「分・カロリー・円」などが多いことを発見しました。そこから、学びには「できた度」で測る学びと「やった度」で測る学びがあることを見つけたのです。できた度を測る学びは学びの先に目的がある「手段的学び」で、やった度で測る学びは学びそのものが目的の「自己目的的学び」であるという発見です。インプットを通じて、学校の学び（受験など）も、学校外の学びのように「学ぶことそのものが目的になれば」、という視点を探りだしたのです。

次にスケジュール表に色を塗ってみるという独自の調査によって、「『学ぶ』という行為は短い時間でもできるけれど、『知る』という行為はある程度継続的な時間がないとできない」という気づきも得ました。

「『学ぶ』と『知る』は構造的に違うものだ」ということを発見したのです。

さらに彼らは「『学ぶ』ときに人が思い浮かべる平均時間はどれくらいだろう？」といったことや「人間の脳はどれくらい学び続けられるのか？」といったこともインプットとして詳細に調べました。

人は「学ぶ」という言葉から、時間として60〜70分程度を思い浮かべるようですが、実際の人間の脳は、個人差はあるものの25分程度しか集中し続けられないことがわかりました。にもかかわらず、日本の学び（授業）は、単位が長すぎるということに至りました。

〈コンセプト〉

こうしたさまざまなインプットをベースに、遊ぶように学ぶために「学びにのめりこめる」環境づくりを目指したのです。そのために、「25分を1単位とした、新しい単位を考えたら世の中に普及しそうだ」「長さのmや容量のLのような単位で『nml』（ノメル）と命名したら面白いんじゃないか」と考え、「25分＝1nml」という「学びの新しい単位」をつくることをコンセプトと設定しました。

〈アウトプット〉

25分という時間制限を設けることで、より学びにのめりこめる商品というのがアウトプットです。勉強中にケータイで時間を確認しないことから、タイムアタック的に勉強ができることも狙い、最終的には新しい時間の測り方を提案する25分持つ飴、というアイデアに至りました。

「25分の飴」はシンプルではありますが、とても面白いアイデアで、コンセプトの見事さが現れています。「世の中には学びの単位が存在しない」というクリエイティブな発見が、アウトプットを飛躍させた成功要因といえるでしょう。

[『平和』とは何か？　壮大なテーマへの答えとは]

「『平和』に関する新しいブランドをデザインする」は、BranCo!の中でも壮大なテーマでした。ここで優秀な成績を収めた「マドトモ」というサービスを考えたチームの「物語」を紹介します。

〈インプット〉

このチームはまず、平和の対義語として、「差別」や「偏見」という言葉に着目しました。そして、留学生など日本に住んでいる外国人にヒアリングをしていきました。

彼らが外国人に、「日本人からの偏見や差別に困っていますか？」という質問をしたところ、「はい」と答えた人は1割程度と少数派でした。しかし同時に、日本人に「外国人に対する偏見や差別があると思いますか？」と聞いたところ、半数以上にのぼる人が「はい」と答えました。お互いの回答にギャップがあったことから、彼らは日本人の抱えている差別意識が外国人にあまり伝わっていないことに気づきました。

さらに、外国人から詳しく話を聞くと、差別や偏見は感じないけれど「親友にはなりづらい」「頼み事ができない雰囲気がある」といった悩みを抱えている人が多くいることがわかってきました。表面上は問題がなさそうであるものの、実は「〝見えない差別〟が存在する状態」なのではないか——と彼らは考えました。

そこで、「日本人特有の見えない差別意識」について調査を始めました。そして、それらは日本人に根付いた匿名で情報を発信する文化や、メディアがつくる偏った人種のイメージが大きく起因しているのではないかと仮説を立てました。

また同時に、日本人だけではなく世界中の差別意識に共通する問題についても調査をしました。そして差別が起こる原因を、文化的な要素、外見的な要素、言語的な要素の3つの要素に分類し、それぞれ分析を行いました。

そして彼らは、「日本人は外国人に対し、偏った情報をもとにステレオタイプの考えを持っていることが多く、その結果少なからず差別意識が生まれてしまっている。しかし日本人の差別の特徴として、匿名での情報発信を始めとした目立たない行動が多く、その実態はあまり表層化しない」ということを発見しました。これらの調査から、「他者を理解すること自体をないがしろにしてしまっていること」が、〝見えない差別〟の根本的な原因であると彼らは結論づけました。


〈コンセプト〉

「平和とは、誰とでも差別なく接することができる世界」と定義し、それを実現する方法として「まずは知る。そして知り続ける」をコンセプトに掲げました。


〈アウトプット〉

その結果として生まれたアイデアが「マドトモ」です。

小学校のさまざまな教室の窓に、海外の小学校とテレビ電話で繋がったマドトモ専用の特殊なディスプレイを設置し、お互いにコミュニケーションを取りながら学校生活を送る——という内容です。まるで窓の向こうに友達がいる感覚で交流できることから、「マドトモ」と名付けました。

日本と各国との時差を調べたところ、ほぼ時差のない国がアジアを中心に30ヵ国ほどあり、十分に実現可能なアイデアだったそうです。実際には会っていないのに、常に知っている顔の相手がディスプレイの向こうにいて、「今日も元気？」と手を振ることができる。「そんな環境があれば、今までとはまったく違った友達体験ができるのではないか」と、彼らは考えたのです。

実際、彼らは小学校に足を運んで現地調査をしたり、教頭先生にインタビューし、「マドトモ」を実際に設置できる可能性についても調べています。そして、「図工室や音楽室は特に設置する価値がありそう」といった話を聞いてきました。

そこからヒントを得て、彼らは「音楽の時間にみんなで一緒に合唱しよう」「一緒にお互いの似顔絵を描こう」といったコミュニケーションであれば、言語にあまり頼らずに交流ができるのではないか、ランチタイムにお互いの食文化を通じて交流したら親睦が深まるのではないか――と発想を広げていきました。

また、学校で人気のある先生を観察し、児童たちを名前で呼んで接していることに気づいたことから、「ディスプレイに近づくと相手の名前が名札のように表示される」という仕組みを考案しました。

さらに、「雨降って地固まる」のことわざのとおり、ケンカをして仲直りすると以前よりも仲よくなるものです。先ほどの教頭先生のインタビューでも、「ケンカはお互いを理解するために必要で、そこから仲直りできるかが重要」という話があり、この話をもとに、自然と仲直りを促す仕組み「マドワレ」を追加しました。「マドワレ」は、画面越しにケンカが起こると映像上にヒビが入り、ヒートアップするとやがて通信ができなくなってしまう機能です。しかし、子供たちが謝ることでこのヒビは修復され、自然な仲直りを促します。

頭が柔軟な小学生の時期にこのような経験をして育つことで、彼らが大人になった10年、20年先の未来を、差別や偏見のない平和な社会にできるのではないか、と考えたのです。

『遊び』に関する新しいブランドを考える

「遊び」というテーマに対して、複数の視点から問いを立てて挑んだチームを紹介します。

〈インプット〉

このチームはまず、「遊び」という抽象的な言葉のイメージを具体的に捉えるため、「遊びを飲み物にたとえると何になるか」というとてもユニークなアンケート調査を実施しました。すると、回答者の実に9割が「炭酸」という回答をしたのです。その結果を踏まえてこのチームは、「炭酸＝はじける」ことが遊びのポイントであることを発見し、今度は「はじけるとはどういうことなのか」という新たな問いを立てました。

その答えを探すため、彼らは「遊びといえばまずは子供」という考えのもと、公園にいた子供たちと一緒に遊んでみることにしました。すると、落ち葉に大ジャンプしたり、砂場に寝っ転がったり、子供たちがとにかく動き回っている瞬間がいちばんはじけていると気づきます。はじけるように「とにかく何でもやってみる」ということが、子供にとっての遊びには重要ではないか、というのが次なる発見でした。

ここで、「大人にとっての遊びも、やってみることなのだろうか?」という疑問がさらに出てきます。そこで、「遊び」という検索をかけたLINEのトーク履歴を複数名から集め、大人にとっての「遊び」とは何かを調査しました。その結果、大人は子供と違ってSNS上で誰かがよいと言っていた場所や体験を選んで「遊びに行く」ことが多いということがわかったのです。つまり「遊ぶこと」自体よりも「遊びに行く」という、行った先の目的地に向かうことが最優先になってしまっているのです。この他の人の行為を真似して遊ぶことを「テンプレ化された遊び」と名付け、これが現代の大人にとっての遊びの主流であることを発見しました。

しかし、調査に協力してくれた人にインタビューをしてみると、「大きいプリンをつくりたい」「世界一周旅行したい」など、大人も子供と同じように「やってみたい」気持ち自体は持っていることに気づきました。そしてインタビューを重ねる中で、忙しさに追われて後回しにしているうちに、「やってみたい」気持ちを忘れてしまい、実際に遊ぶときには、つい「テンプレ化した遊び」を選んでしまうことがわかったのです。

〈コンセプト〉

彼らは、大人たちが忙しさに追われて「やってみたい」を忘れてしまうことを、「遊び逃し」と命名。そして、この遊び逃しが発生する前に「やってみたい」気持ちを捕まえて、大人の遊びをもっとはじけさせよう！　というコンセプトを掲げました。

〈アウトプット〉

このコンセプトをもとに生まれたのが、「遊びのへそくり Hesokuri」というブランドです。これは、展開型のメモと、おうち型のケースがセットになった商品です。「やってみたい」を思いついたときにメモをして、おうち型のケースに入れておきます。そして、遊びに困ったときや、へそくりが溜まってきたときに取り出して、「やってみたい」遊びに実際に挑戦してみるのです。

何かを「やってみたい」気持ちはあるのに、忙しい中で忘れてしまう。そして、いざ遊ぼうとすると何も思いつかず、SNSで誰かがよいと言っていたテンプレ化した遊びを選んでしまう。そんな本来の遊びを楽しめていない大人たちに向けた新たなブランドが生まれました。

［新しい渋谷土産を考える］

最後に紹介する企画は、東大の授業で行ったもので、渋谷を代表するお土産をつくろうというテーマを扱いました。その際に最優秀賞を獲得したチームから出てきたアイデアです。

〈インプット〉

まず、彼らは「渋谷とは何か？」ということと「お土産とは何か？」ということを掛け合わせる方向でインプットを進めていこうと考えました。

まず渋谷についてイメージ調査をしたところ、多くの人が「渋谷といえばスクランブル交差点」と考えていることがわかってきました。さらに、「渋谷のスクランブル交差点にはどんな人たちが来ているんだろう？」と渋谷の街を観察してみました。すると、外国人観光客が多数来ていることがわかりました。

では、外国人観光客がどこで何をしているのか？　調べたところ、109やハチ公にはあまり興味がなく、スクランブル交差点そのもの、さらにいえばスクランブル交差点を歩いている人たちに関心があることがわかりました。彼らは、自撮り棒にスマホをつけて交差点を歩いて動画を撮影したり、あるいは交差点そばのビルにあるスターバックスの窓側の席に座り、上から交差点を撮影したりしていました。そして、動画をSNSにアップして渋谷の街を楽しんでいました。世界に例のない、人通りの多さで知られる交差点として海外で知られていたわけです。

外国人観光客がスクランブル交差点に興味があるのはわかったのですが、ここで彼らはふと疑問を持ちました。

「これだけ人が行き交い、信号が変わればたくさんの自動車が走るわけだから、かなり危険な交差点なのだろう」と。

そこで、ハチ公交番のおまわりさんに「スクランブル交差点って、やはり事故が多いんでしょうか?」とヒアリングに行きました。ここで大きな発見がありました。当時のおまわりさんの返事は「自分が勤務して以来、交差点での事故は聞いたことがない。事故がないから、事故の統計もない」という内容だったのです。世界一たくさんの人が行き交うのに、事故がない。外国人観光客たちはそんな「世界一安全な交差点」を評価し、世界に発信してくれているのではないか……と考えたわけです。

並行して、お土産について外国人観光客にヒアリングしたところ、「遠くから来ているので、あまり大きなモノは買わない」「旅の記憶を呼び起こせるし、他人との話題のきっかけにもなるので、バッグなどにつけられるものを買う」「日本ならではの和柄ものなどを買う」ことなどがわかってきました。そして、「持ち運びしやすい、小さな和柄のお土産」というまとめを行いました。

〈コンセプト〉

「渋谷×お土産」で彼らがつくったコンセプト、それは、

「スクランブル交差点で事故が起きていないことに験を担いだお守りをつくろう」ということでした。

ただし、ここで彼らの中に「お守りは日本の社寺や境内で販売・授与される縁起物。宗教性が強いので、外国人観光客には受け入れられにくいのではないか？」という不安が芽生えました。

そこで彼らは、明治神宮などに行き、外国人観光客にお守りを買うかどうかヒアリングしました。すると、不人気どころか、お土産として非常に人気の高いものであることが判明。不安は解消し、手応えをつかむことができました。

〈アウトプット〉

この話を渋谷区に持っていき、実際にできたのがスクランブル交差点の形をしたお守りです。表面には、細かいアスファルトの模様がデザインされています。外国人観光客の皆さんが本国に帰り、このお守りを手にスクランブル交差点についての「物語」を語ってくれれば、「世界一安全な交差点がある街、渋谷」というブランドづくりにもつながります。

5時限目

共創力で考える

――型にははまらない「考え方」を考える――

乃木坂46が考えた！　学びのブランドとは？

この章では、本書の総括として、リボン思考を振り返り、重要なポイントを確認したいと思います。はじめに、リボン思考を活用したアイデアの実例として、乃木坂46のメンバー（当時）がこのプロセスに従って実際に考えた事例を紹介します。

「リボン思考」は誰でも使える

アイドルと東大生が同じ空間で学ぶことができれば、面白いことが起きるのでは——そんなアイデアから、女性アイドルグループ「乃木坂46」が、私たちの講義を受けてリボン思考を体験する、という試みがはじまりました。

選抜として選ばれたのは、当時メンバーだった5人、秋元真夏さん、生田絵梨花さん、伊藤かりんさん、松村沙友理さん、若月佑美さんです。参加の条件は、アイドル

だからといって特別扱いをせずに、「ガチで」挑んでもらうということ。

本気で学んでくれた彼女たちには、その成果を活かすため、ブランドデザインコンテスト「BranCo!」（テーマ：「学び」）に参加してもらうことになりました。

ここでは、彼女たちの挑戦の結果を紹介しましょう。

ちなみに、講義は行いましたが、企画内容やプレゼンまでの実作業においては、私たちはほとんど手を貸していません。アイデアは、すべて彼女たちが自分で考えたものです。さらにいうと、プレゼン用の資料作成やデザインも、すべてメンバーが役割分担して行っています。

普段、プレゼンやブレスト、資料作成を仕事にしていないアイドルであっても、本気で臨めば、これだけの成果を上げることができる。そのことを、みなさんに感じてもらえればと思います。

リボン思考を使った「物語」のあるアウトプット

テーマは「『学び』の新しいブランドを考える」。

選抜メンバーの5人は、「ノギザ課」を結成。他の大学生メンバーとまったく同じ条件で、コンテストに臨みました。プレゼン内容を、「インプット」→「コンセプト」→「アウトプット」の順で解説します。


〈インプット〉

まず始めに、彼女たちは、自分たちの独自性を活かした問いを立てました。

それが、「アイドル活動を通じて自分たちが学んだことを、たくさんの人たちの役に立つアイデアに変えられないか」というもの。

そして、学びには「頭の学び」と「心の学び」の2つがあると見出しました。「頭の学び」は正解があるものが多く、学校などで習得できる。一方、「心の学び」は正解がなく、習得する機会が少ない——乃木坂46ならではの学びはどちらなのか？を議論し、結果として「心の学び」にスポットを当てることになりました。

次に彼女たちが行ったのが、乃木坂46メンバー20名へのアンケート調査です。

「乃木坂46の活動の中でいちばん学んだことは？」
「乃木坂46加入後の心の成長・心の学びを感じたのはいつ頃ですか？」

現役アイドルへのアンケート調査はインプットとしては希少価値の高い、なかなか面白い素材です。そこから得た発見は次のようなものでした。

・「学校で得られない学びがあった」とメンバー全員が感じている

・「ファンの方との関係から」いちばん学べたと答えるメンバーが多かった（45％）
・「特に握手会から学んだ」という声が多かった

握手会とは、ファン目線で見ると「ファンとアイドルが1対1で握手をしながら会話をするイベント」です。しかし、アイドルの目線から見ると「大人数の初対面の人と接するイベント」に変わります。彼女たちは「初対面の人と接するために、握手会から学んだこと」を書き出しました。見えてきたのは、5つの力です。

① 自分の印象をよくする力……笑顔、目を見る、相槌を打つ
② 相手のことを読み取る力……相手の好みを予想する、共通点を見つける
③ 相手に合わせる力……相手の雰囲気に合わせる、相手との壁を取り払う
④ 相手に質問する力……返答に困らない質問をする、相手に喜んでもらう
⑤ 次につなげる力……次に会う約束を交わす

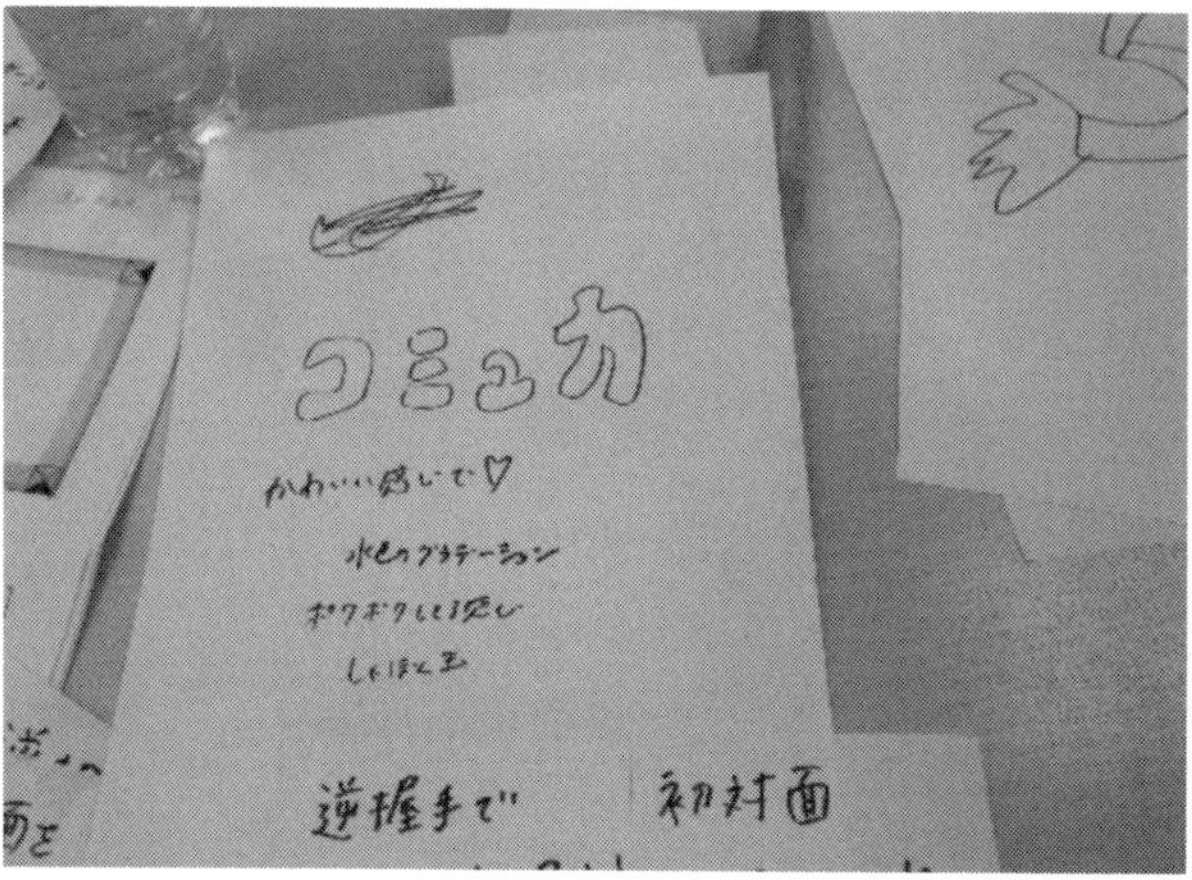

握手会で1人のファンと交流できるのは、ほんのわずかな時間です。この短い時間の中で、乃木坂46のメンバーは①→②→③→④→⑤の力を駆使している。そして、何人ものファンと交流することで、この5つの力が知らないうちに身についてきた、というのが彼女たちがインプットで得た発見でした。

〈コンセプト〉

インプットで得た発見をもとに、彼女たちは「握手会から得た知識を活用して初対面でのコミュニケーションを学べるブランドを提供しよう」という方向性を立てました。そして、初対面の人とのコミュニケーション能力を高めたい人（特に新入社員や就活生）をターゲットに、「乃木坂流　初対面克服法」というコンセプトを策定しました。

具体的な内容は、「私たちは、乃木坂46の活動である握手会をすることで初対面の人とのコミュニケーションに大切な5つの力を学びました。印象をよくする力。読み取る力。相手に合わせる力。質問する力。次につなげる力です。乃木坂流の初対面克服法、5つの力をあなたも学んでみませんか」――というものです。

〈アウトプット〉

コンセプトをもとに彼女たちが発表したアウトプットは次の2つです。

①『初対面克服ＢＯＯＫ』で5つの力を勉強できる

②「逆握手会」で5つの力を実践できる

初対面克服ＢＯＯＫのタイトルは、コミュニケーション力という意味で『コミュカ

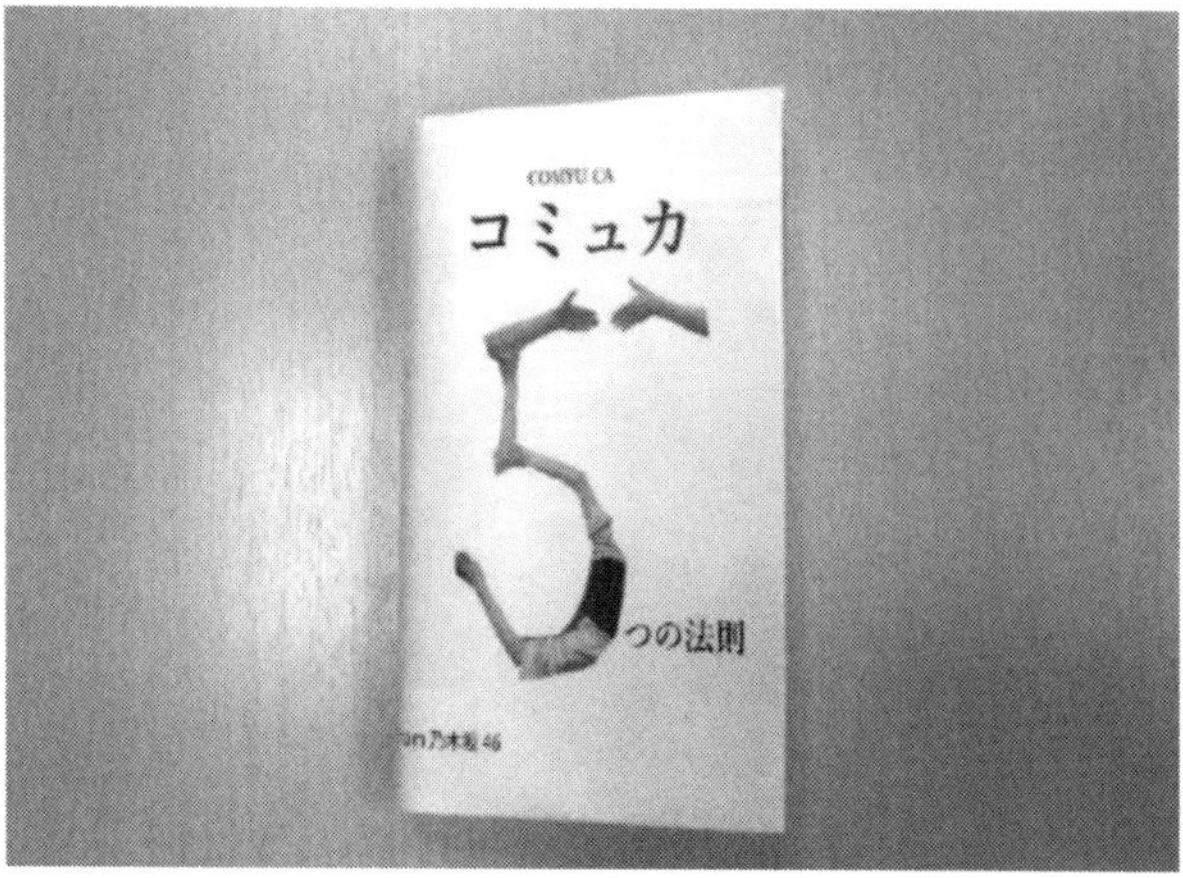

(こみゅか)』と名づけました。

誌面は、ＡＲ(拡張現実)とも連動。スマホをバーコードにかざすとナビゲーターが現れ、出題するというものです。読者は、初対面克服のための練習を楽しみながらできる仕組みになっています。

『コミュカ』の購入特典として「逆握手会」への参加券が付いてきます。

バーコードを読み取ると、イベント日程予定表を見ることができ、参加申し込みができます。「逆握手会」は、『コミュカ』で学んだ5つのコミュニケーション力を、大人数の初対面の人に実践できるイベントです。

「30人程度で開催／1人と30秒ずつ握手（会話）／コミュニケーション力を参加者同士で評価しあう／所要時間2時間程度／逆握手会の様子をアドバイザーがチェックする／握手会終了後、希望者はアドバイスをもらうことができる」などの仕組みで行うという、オリジナリティあふれたアウトプットになりました。

以上が、乃木坂46の選抜5人のメンバーがリボン思考の流れにそって考えてくれた企画の内容です。

「リボン思考」を活用すれば、独創性あふれるアイデアを考えつき、それを相手に伝わるかたちでまとめることができると感じていただけたのではないでしょうか。

また「リボン思考」には共創の力、すなわちチームワークが欠かせません。このメンバーの役割分担・チーム力が大変素晴らしかったことも、ここでは大きな武器になったことを付け加えておきたいと思います。

「リボン思考」の物語

ここでは、リボン思考をより深く理解していただくために、リボン思考を生み出した背景とその考え方について紹介します。また、リボン思考が生まれたきっかけとなった思考法との関係についても触れてみたいと思います。

デザイン思考が誕生した経緯

思考法を勉強したことがある人は、「デザイン思考」という言葉を知っているのではないでしょうか。本書を読みながら、「リボン思考はデザイン思考と似た思考プロセスだな」と感じているかもしれません。私自身も実際、ＩＤＥＯ社との提携などを通じて日本でもっとも早く「デザイン思考」を導入・実践してきており、それは現在も続いています。そのため、リボン思考にはデザイン思考のエッセンスが下敷きになって反映されています。ここでは、リボン思考の基本的概念をより明確に理解するために、デザイン思考についてもあらためて紹介しておきたいと思います。

「デザイン思考」という言葉は、１９８７年に発行された建築家ピーター・ロウの著書『Design Thinking』（邦題『デザインの思考過程』）において、初めて著作物のタイトルとして使用されました。

その後、２００１年に、アメリカのデザインコンサルティングファームＩＤＥＯ社の創業者の１人であるトム・ケリーが著書『The Art of Innovation』（邦題『発想する会社!』）の中で、ＩＤＥＯの基本的なデザインプロセスを公開しました。

さらに、２００９年に、ＩＤＥＯの社長兼ＣＥＯティム・ブラウンが『Change by Design: How Design Thinking Transforms Organizations and Inspires Innovation』（邦題『デザイン思考が世界を変える』）を発表し、ビジネス分野で広く関心を持たれるようになりました。

このような流れの中で、ＩＤＥＯのデザインプロセスを始めとしたプロダクトデザイナーの思考をわかりやすくプロセス化したものを総称して「デザイン思考」と呼ぶようになりました。

デザイン思考の定義は何ですか、と聞かれることがよくあります。ただ、ティム・ブラウン自身は「デザイン思考」という単語を初期の段階では使用してはいません。そのため「デザイン思考」は、その生い立ちからして正式な定義がなく、「これこそが『デザイン思考』だ」という正解が存在しないのです。

デザイン思考はなぜ重要視されてきたのか？

では、なぜデザイン思考は、数年でこれだけ浸透するようになったのでしょうか？

経済成長期は、ビジネスにおいて成功法則をある程度パターン化することが可能でした。そのため、調査や分析手法などの論理的な手法が有効に機能していたのです。

ところが、成熟期の段階にある現在は、ビジネスにおいて成功法則をパターン化することが困難になってきました。

つまり、

- 従来の手法だけでは解決できない
- 型にはまらず、既存の枠を超えて考えないといけない
- ゼロベースで、新しいものを生み出さないといけない

……といった状況にあるのです。

このような流れの中で、型にはまらず、感性を大切にし、新しいものを生み出すことが得意な「デザイナー」の暗黙知的な思考法である「デザイン思考」に注目が集まったのです。

デザイン思考は、新しいものを生み出すプロセスとして、デザイナーの思考に注目してそれを定型化したものです。

つまり、

「デザイナーの思考方法を、デザイナーでない人も使えるようにした思考」

であり、

「新しいことを生み出すために創造的に課題解決する思考」

といえます。

さきほど、「これこそが『デザイン思考』だ」という正解が存在しないといいましたが、デザイン思考のプロセスに関しても、提唱する人によって微妙に異なります。

実際、日本をはじめ世界中のさまざまな企業や教育機関が少しずつ独自アレンジを加えたデザイン思考を展開しています。デザイン思考の元祖でもあるＩＤＥＯの中ですら、人によって使うプロセスがやや異なっているくらいです。

ただし、各々のプロセスの大きな流れはほぼ同じです。最初のプロセスでは、基本的には「ユーザーとなる対象を直接観察しよう」というところから始まります。ユーザーとなる対象が、何が理由でやる気になるか、逆に何が理由でやる気を失うか、何にイライラし、何に喜びを感じるのか、彼らに心から共感するまで観察しようというものです。本書でも何度か挙げたエスノグラフィーという観察手法がその代表です。

デザイン思考のこのような考え方は、当時は新鮮な驚きを持って迎え入れられました。たとえば、「ユーザーを直接観察する」という手法は、新しいものを生み出す上では本質的なものの1つであったにもかかわらず、生産効率至上のビジネスの中でないがしろにされていたからです。デザイン思考によって、新しいものやサービスを生み出すために本当に大事なことを、我々はあらためて気づかされたわけです。

デザイン思考が抱える課題

このようにデザイン思考は非常に有効でパワフルな思考プロセスであることは間違いありません。ただ、デザイン思考が多くの大学などでも教えられるようになり、ビジネスの現場で一般的になるにつれ、新たな課題も見えてきました。大きくいえば、2つあります。

1つめは、**「形骸化し、同質化が起こり始めている」**ということです。

これは、デザイン思考が安易に取り入れられたことが原因です。「要するにこのプロセスでやればOKでしょ？」という安易な気持ちでデザイン思考を使ったところで新しいものが生まれる可能性は高くありません。にもかかわらず、便利なツールとして形骸化しはじめているのです。

その背景にはデザイン思考のプロセスが、定型化しすぎて受け止められてしまったという問題点があります。たとえば、最初のプロセスでとる行動は、使用する人の意識を深く知るという目的であれば、「ユーザーを直接観察するエスノグラフィー」だけでなくてよいはずです。

しかしながら、デザイン思考が普及するに従って、絶対にエスノグラフィーをしなければいけない、といった発想の人をよく見かけるようになりました。みなが同じ手順でアイデアを考えれば、当然ながらアウトプットも似たようなものになる危険性があります。それでは新しいものを生み出すために活用する思考として、本末転倒になりかねません。

本来、デザイン思考も含め新しいものを考えるプロセスは形式知化にふさわしくない概念です。にもかかわらず理解促進と普及のために、あえて形式知化されたのです。それが誰でも使えるデザイン思考のよさでもありますが、逆にプロセスの固定化も招いています。あくまでもプロセスが大切なのではなく、根本思想により意味があることを忘れてはなりません。そうでないと画竜点睛《がりょうてんせい》を欠くことになるからです。

2つめは、**「デザイン思考では、課題解決の域を出ないこともある」**ということです。

ここでは、デザイナーとアーティストの「考え方」の違いについて少しだけ触れておきます。

端的にいえばデザイナーとは、「創造的な『解決策』を提示する思考を行う人」のことです。可能性を理解し、可能性を活用する人です。つまり、デザイナーの思考を「見える化」したデザイン思考は、言い換えるならば「課題解決のための思考」といえるでしょう。

それに対してアーティストは、「創造的な『問い』を発する思考を行う人」といえます。新しい方向性を探索し、可能性を見出す人です。アーティストは必ずしも解決策を提示しません。

では、アーティストはなぜ現状の延長線上にないアイデアを生み出すことができるのでしょうか？

それは、解決策という目の前の制約がないからです。その分自由に枠外のことを発想し、結果、課題そのものを見直す力を持つことがあります。

このアーティストの思考を形式知化したものが「アート思考」です。

オーストリアにあるメディア・アートの祭典や研究機関として世界的に有名なアルスエレクトロニカでは、新しい発想をするためのアート思考の重要性について繰り返し説いていています。アルスエレクトロニカでは、アート思考の真髄を「クリエイティブな問い」と設定し、物事を考える際にはまず問いから始めることを推奨しています。最近ではアート思考に関する書籍や大学での授業も見られるようになり、ビジネスの世界でも知られるようになりました。

既存の思考法から、新しい思考法へ

デザイン思考とアート思考の関係をわかりやすくまとめると、

・創造的な「解決策」を提示するデザイン思考→現状に比較的近い領域にある新しいアイデアが出てくる可能性がある
・創造的な「問い」を発するアート思考→現状の延長線とは全然違う領域で新しいアイデアが出てくる可能性がある

といえます。

デザイン思考は、ビジネスにおいては有効なプロセスです。けれども、それが受け入れられ、定着するにつれていろいろと問題も発生しています。そもそもの課題設定

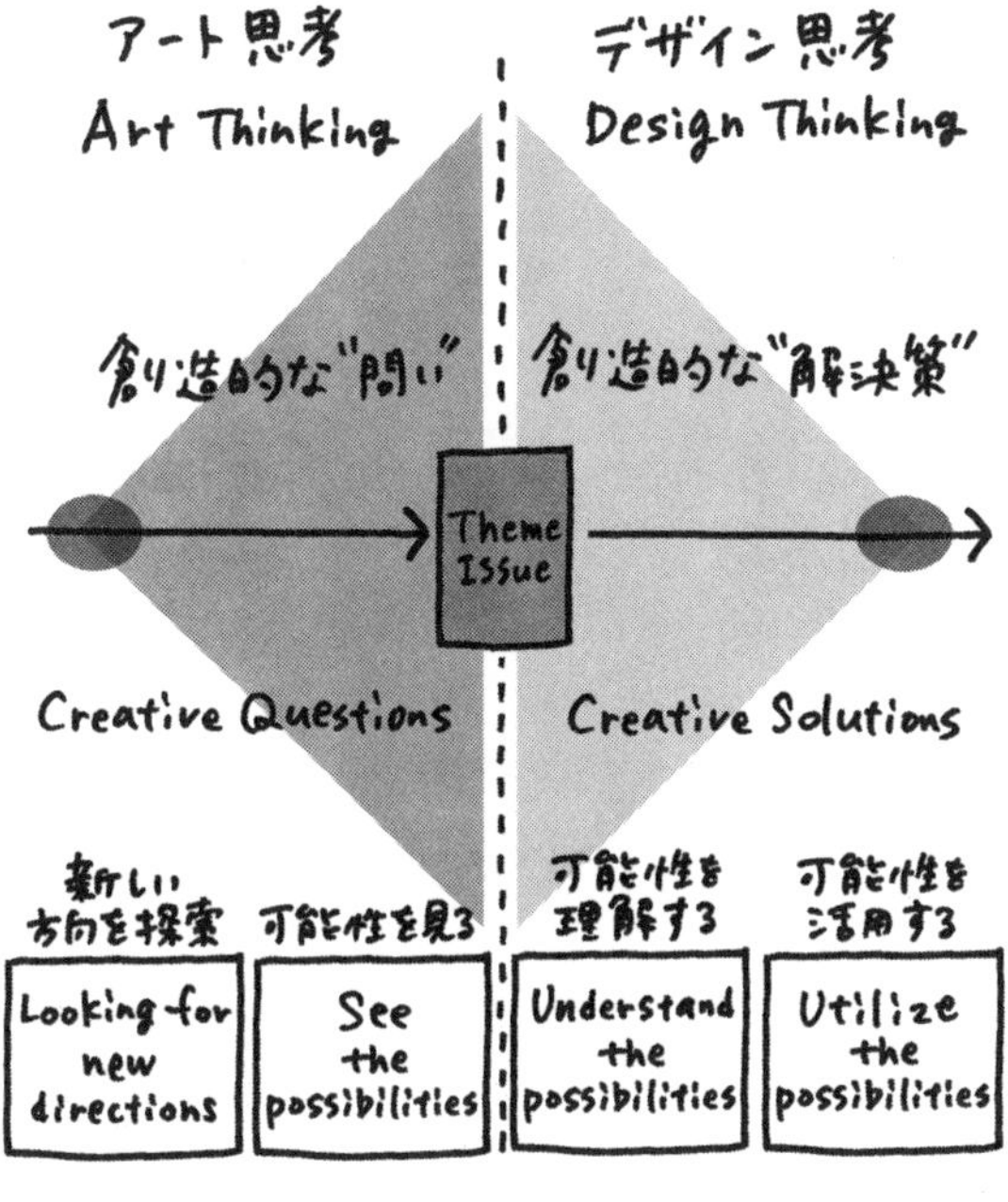

アート思考とデザイン思考

出典：アルスエレクトロニカをベースに一部加筆

が間違っていると、デザイン思考は有効に機能しません。つまり観察の対象やテーマが適切でなければ、どんなに優れた観察をしても効果は限られてしまうからです。

また決められたプロセスを学ぶと、どうしてもその決まったプロセスの遂行だけに目がいき、発想の自由度が下がってきます。私の長年の経験から、インプットの段階の自由度をできるだけ高めることこそが、飛躍的に新しいアイデアを生むことには必要不可欠だと痛感しています。

さらには、デザイン思考ではあまり重視されない「コンセプト」の重要性も従来以上に増してきていると感じています。

こうした経験を踏まえたうえで、
プロセスの固定化を起こさないために、
「自由度の高い最低限のフレームを用意すること」

最初の課題設定で枠外の発想を可能にするために、
「創造的な『問い』からスタートすること」

情報のクオリティを高めるために、
「インプット手法の創造性を重視すること」

アイデアの同質化を起こさないために、
「コンセプトという集約行為を大切にすること」

1人の能力の限界を大幅に超えるために、
「チームでの共創を基本とすること」

といったことが特に重要と考えるに至りました。

その上で、こうした思考を踏めば、ある程度誰もが独創的で創造性の高いアイデアをアウトプットできるのではないだろうかと考えました。

その結果、行き着いた思考法。それが「リボン思考」なのです。

ただ、この思考自体も1つの型でしかありません。デザイン思考同様、型にはまりすぎると新しい思考はできません。型を知った上で、型を破る。プロセスにとらわれず自由な使い方をしてもらえればと思います。

「リボン思考」3つのポイント

ここまで、リボン思考の基本的な流れであるインプット、コンセプト、アウトプットの3つのステップや、それを使った思考やアイデアアプローチの例、そしてその背景についても説明してきました。

最後に、本書の締めくくりとして、リボン思考全体を通して特に重要なポイントを再度確認しておきたいと思います。

1：1人よりもチームで！

リボン思考は、共創というチームで考えることを前提としています。東大の授業のコンセプトも「正解のない問いに共に挑む」と設定しているように、共に挑むことが大切なのです。

個人で考えるよりも、チームで考えることが重要――これは「量」の視点からも、「組み合わせ」の視点からも断言できます。

インプットやコンセプト、そしてアウトプット・アイデアの「質」は、「量」に比例します。1人より複数の方が、絶対に「量」を出すことができるのです。

またアイデアは、既存要素の結合によって生まれます。1人で考えるとどんなに優秀な人でも考えが偏ったり、あるいは固定化されてしまいます。さまざまな人が異なる思考をぶつけ合う方が新しい結合を生みやすいのです。

もちろん個人の考える能力を高めることはとても大切です。スポーツの団体競技と同じで、個々の高いスキルが集まることで、チーム力が高まっていくからです。

その一方で、社会に出ると1人で物事を考える場面よりも、チームで考えないといけない場合が格段に多くなります。だからこそ、1人で考える技術だけでなく、みんなで考えるスキルを早いうちに学んで慣れておく必要があるのです。

にもかかわらず従来の日本の教育では考える行為はどちらかといえば1人で行うものという意識が強く、みんなで考えるための手法やスキルを、（一部の学校やゼミを除けば）高校や大学でまとまって教わることはあまりありません。これでは社会全体でみたときに国際競争力を高めるようなイノベーティブなアイデアが出にくいのも仕方ありません。共創力は競争力を強化するためにも必要な力なのです。


世の中では人工知能の活用があたりまえになってきています。今まであまり踏み込まれなかったクリエイティビティ（創造性）の分野も例外ではありません。生成AIを活用すれば、ある程度の制作物の創造はすでに可能になっています。キャッチコピーや絵を描かせることも可能です。そのため定型化された個人の思考で対応できるレベルの仕事や考えは、ＡＩに代替されはじめようとしています。

一方、複数の人同士が相乗効果を発揮しながら新しい考えを紡ぎだす共創行為は非常に複雑なプロセスが必要となります。こうした複雑なプロセスのものは、定型化が難しい分だけ、ＡＩは得意としてはいません。

だからこそ、これからの時代に私たち人間にこそ求められる考える力の1つが「**チームで考える力**」といえるのです。チームで考える力が得意な個人は、どんな分野であっても、これからの世の中で重宝されるに違いありません。

ただし、単に大人数で集まって考えればよいかといえば、決してそうではありません。基本ルールを知らない人が大勢集まってもゲームはできません。実際、ブレストも適切に行わないと効果が下がるという研究もあります。

「ブレスト時にアイデアを批判しない」などの基本ルールをいくつか紹介しましたが、大切なことは相手を尊重すること。そして「いいね！」の気持ちを忘れず、それに乗っかりながら新しい考えを創造していくこと。

チームの力を最大限に引き出すためには、何よりもチームの力を信じ合うべきだということは、再度強調しておきたいと思います。

2：考え方創造

改めてリボン思考とは何か？

一言で表すならば、それは「**考え方**」**を創造する行為**です。

考え方を創造するとは耳慣れない言葉ですよね。

これまで見てきたように、リボン思考は、インプット、コンセプト、アウトプットという思考の3ステップから構成されています。これは、「インプット＝創造的な事実発見」「コンセプト＝創造的な統合解釈」「アウトプット＝創造的な具体化」と言い換えることができます。便宜上、インプット、コンセプト、アウトプットのステップを踏んではきましたが、それぞれの段階で共通に行うべきことは、考える方法をまず考える、という行為なのです。

つまり「こうすれば答えが出る」という正解の手順は存在しないということです。

ガリレオは自ら望遠鏡をつくることで月のクレーターや木星の衛星を発見し、地動説に到達しました。

「見る道具」によって見えるものが変わるように、手法を刷新することで新しい気づきを得ることができます。インプット、コンセプト、アウトプットのそれぞれのプロセスで、みなさんが自らの〝望遠鏡〟をつくってほしいと思います。

また気をつけてほしいことが、プロセスは非線形を描くということです。杓子定規《しゃくしじょうぎ》に3つのプロセスを順番に行うだけではうまくいかないこともあります。基本の流れやプロセスはある程度踏襲したとしても、臨機応変に行きつ戻りつ、考えを深めていくことがとても重要です。もしリボン思考のプロセスがルールに従って線形に進めればいいだけのものであったら、それこそＡＩで代替されてしまうでしょう。

コンセプトを決め、アウトプットのプロセスに進んだとしても、創造的な具体化ができそうにないのであれば、思い切ってコンセプトに立ち戻る。独創性にあふれたアイデアは簡単にはできません。戻るための勇気と覚悟は常にもって、新しい考えを創

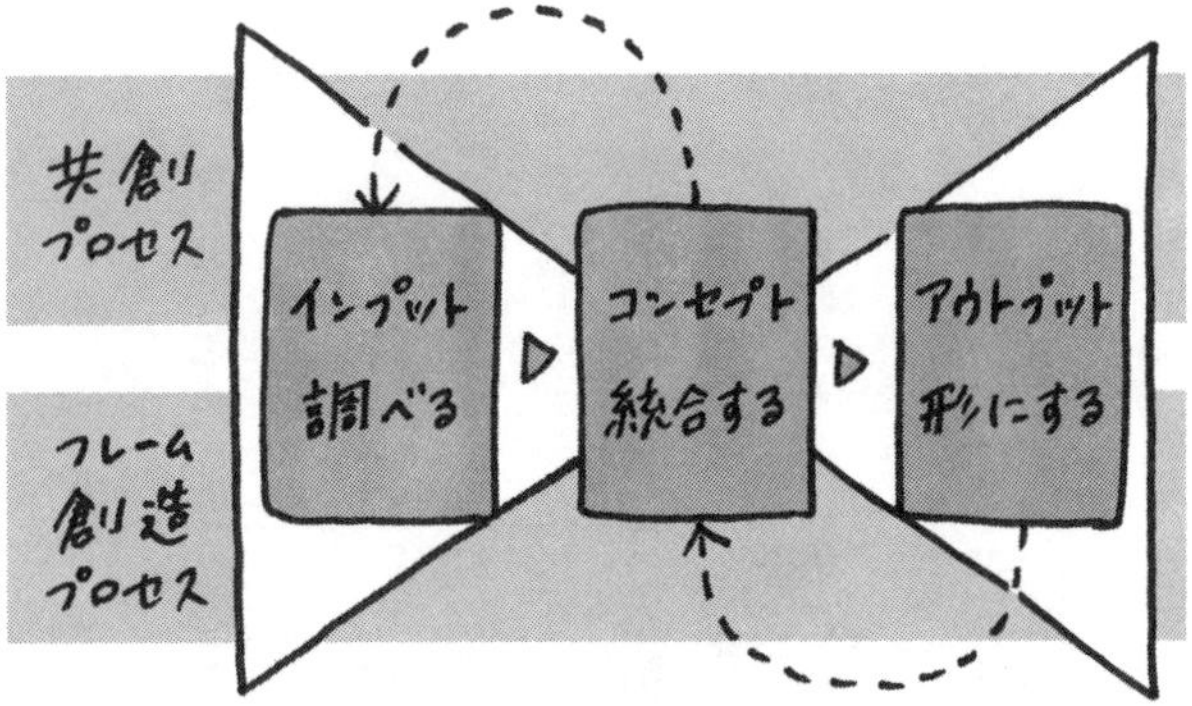

創造的な事実発見

何を調べるかを、
発想する。
そして
調べ方そのものを
創造する。

創造的な統合解釈

考える行為を、
考える
そして
どう統合するかを
創造する。

創造的な具体化

発想の仕方を、
模索する。
そして
具体的アイデアを
創造する。

“リボン思考”とは、考え方を創造する行為

り出していきましょう。

3：型を守り、壊す

リボン思考の本質とは、決まったフレームや手法論に従うのではなく、そのフレームやプロセスそのものを発想することにあります。新しいフレームを発想するから、既存のフレームは知らなくてよいかというと、そんなことはありません。

考える引き出しを増やし、オリジナリティの高いものを生み出すためにも、基本の型を理解していることが重要になります。型を数多く知っていること自体は決して無駄にはなりません。いろいろな思考の引き出しを持っていた方が、より柔軟に考えることができるからです。この本でもいくつかの型や手法を紹介してきましたが、何事もまずはこうした基本の型を身につけることから始まります。

しかし、この本で繰り返し述べてきましたが、プロセスは固定化するとどんな優れたプロセスであっても、新しいものを生み出すことができなくなっていきます。そこには常に細心の注意を払わなくてはなりません。

物語のところで述べた「守破離」という言葉を再度取り上げてみたいと思います。
武道や茶道などの「道」において昔から大切にされてきた、修業のプロセスです。

「守」は、師や流派の教え、型、技を忠実に守る段階。
「破」は、あえてその型を破り、他の流派の考えを取り入れ、発展させる段階。
「離」は、完全にもとの型から離れ、新しいもの生み出す段階です。

リボン思考で最終的に目指したいのは、「破」と「離」です。

リボン思考の基本フレーム、さらに本書で紹介したさまざまな方法、ルール、実例などは、すべて「守」にあたります。あなたのアイデアを「破」へ、そして「離」へと導くための材料として使ってください。

さらにいえば、リボン思考という発想法も、「守」の1つであればよいと考えています。つまり、リボン思考が一般化し、形骸化した際にはすぐに手放してほしいですし、またリボン思考を自分なりに発展させて、さらに素晴らしい異なった思考法をどんどん生み出してもらって構わないのです。私たちにとっての目的は、「リボン思考を使いこなすこと」ではありません。「新しいものをつくること」なのですから。

「考える」と聞くとなんだか難しそうに聞こえますが、それは固定したフレームに当てはめながら、1人でうなるイメージが強いからではないでしょうか。考える行為にもいろいろありますが、少なくとも「新しいことを考える」という行為は、もっと自由で柔軟で、みんなで行う楽しいものなのです。

「人間は考えるために生まれている。
ゆえに人間は、ひとときも考えないではいられない」

フランスの哲学者ブレーズ・パスカルの言葉です。もし人間が常に考えないといけない存在なのであれば、その行為はいつも眉間にしわを寄せて行うより、みんなでワイワイ楽しんだ方がいいのではないでしょうか。

本書を通じて、一貫して述べてきた「考え方を考える」行為は創造性あふれるクリエイティブな行為です。

楽しみながら、ぜひ新しい考え方自体を自由に考えてみてください。それが「リボン思考」を使いこなすためにいちばん重要なことなのですから。

おわりに

【解説】 東京大学大学院総合文化研究科長・教養学部長　真船文隆

異色の授業「ブランドデザインスタジオ」は、これからの時代、どのような意味を持ちえるか？　なぜ、そもそも東大と博報堂が手を組んだのか？　授業はどのような人材を育てていけるのか？　東京大学教養学部でプロジェクトの推進役を務める、教養学部長の真船文隆教授に解説をいただいた。

東大教養学部における「教養」とは

みなさんは、「教養」と聞いて何を思い浮かべるでしょうか。私が所属している東京大学教養学部は、文字通り教養教育を行うために設立されました。

東大では、「教養」をLiberal Arts（リベラルアーツ）と訳しています。リベラルアーツの語源は、古代ローマのラテン語といわれています。奴隷という立場から自らを解放し、より人間らしく生きるためのさまざまな知恵や芸術のことをリベラルアーツと呼んでいました。現代では、明確な奴隷制度こそないものの、多くの人が見えない制約にとらわれているのではないでしょうか。

東大教養学部では、幅広い知識や情報を吸収するだけでなく、それを他人と共有したり、意見を交換したりすることで、今までにない視点や発想を自在に展開できる力をつけることを教育目標としています。それは、東大生に限らず、現代を生きるすべての人に求められている力ではないかと思います。

いかにして教養教育を行うか

この意味での教養教育を進めるために、2011年秋から「東京大学×博報堂 ブランドデザインスタジオ」という授業を東大教養学部で開始しました。これは、博報堂がビジネスで活用しているノウハウをベースにした、アクティブラーニング（グループワークなど、生徒参加型の授業）です。

私たちは、この授業のコンセプトを「正解のない問いに、共に挑む」と定めました。正解のある問いを1人で解くことを得意とする東大生に対して、あえて抽象的なテーマを出題し、チームワークを重視しながら解いてもらうという、異色のプログラムにしたのです。そうすることで、知識を吸収するだけでなく、それをもとに新しいものを生み出す力を身につけてもらいたいと考えました。

そして、他学科の学生からも「この授業に参加したい」という声が高まったことをきっかけに、2014年「ブランドデザインコンテスト（通称 BranCo!）をスタートしました。初回から今に至るまで、多くの学生の参加があり、近年では毎年全国70以上の大学から、7〜800名を超える学生が集まる、大きなイベントとなっています。

このコンテストでは、本書でも紹介されているリボン思考を使って、いかに独創的なアイデアを出せるかを競います。リボン思考は、インプット、コンセプト、アウトプットというシンプルな3ステップで形成されています。シンプルな構造ゆえに柔軟性があり、創造的な思考を生むフレームワークとして非常に優れているのです。

このブランドデザインスタジオ（授業）とBranCo!（コンテスト）に共通しているのは、学生たちが正解のない問いに対して、自分たちなりの答えを出さなければならないところです。彼らは、拠り所のないところから思考をスタートさせ、チームで解決策を見出していきます。

私は化学を専門としていますが、実際、理系分野でも優れた研究を行っているチームは、このリボン思考のステップを踏んでいることが多いと思います。

具体的にいうと、研究を始める際には、これまでに学会や論文などで報告されていることを調べます。次に、それを踏まえて「何がわかっていて、何がわかっていないのか」を整理し、「何を知りたいのか」を考えて問いを立てます。そして、それを明らかにするために、さまざまな調査、実験などを行います。ここまでのプロセスが「インプット」にあたります。さらに、これらの研究を通して最終的に何がわかったかをまとめるプロセスが「コンセプト」です。

さらに、よいコンセプトができると、そのコンセプトは新しい問い（研究テーマ）を生み出します。これが、「アウトプット」です。理系研究室では、一連の作業をグループで行いますから、チームで行う点も含め、リボン思考を使っているといえます。

ここからわかるように、リボン思考は、応用範囲が非常に広い思考法なのです。

10年間の授業の成果

２０１１年に授業が始まってから、10年以上が経過しました。教育の成果はすぐには出ないとよくいわれますが、東大教養学部では、すでに教育成果に大きな手ごたえを感じています。実際、ブランドデザインスタジオやBranCo!の卒業生に対し、社会に出てから10年間で授業が役に立ったかアンケートを行ったことがあります。その時は、回答してくれた卒業生のほぼ全員が役に立ったと答えてくれました。

また、授業で学んだことが今の仕事で生かされたかという質問に対しても、ほとんどの人が何らかの形で生かされたと回答してくれました。

その中には、

「さまざまな思考をする上での多角的な視点が身についた。事業を立ち上げる際の課題分析、問題解決にかなり役立った」

「私の中で、考えるという行為が一変した。それまでただ漠然と思いつくままに任せていましたが、受講後は、問いの立て方や発想方法など、考えるプロセスを意識するようになった」

という回答がありました。

広告会社やコンサルティング会社のような、発想力が求められる業界の人はもちろんのこと、それ以外の広範囲の業界の人も、この思考法が役立ったと回答してくれたことが、私としてはいちばん印象深かったです。

ますます高まるリボン思考の重要性

2017年9月に、この本のもとになった書籍『東大教養学部「考える力」の教室』が刊行されてから、6年以上が経ちました。

変化が目まぐるしいこの時代に、リボン思考はますます重要性が高まっていると考えています。その大きな理由の1つは、生成ＡＩをはじめとするテクノロジーの進化です。これにより、正解のある問いに1人で答えるタイプの思考は、むしろＡＩに置き換わっていく時代となったということでしょう。


ＡＩは、膨大なデータの中から論理的な推論をし、正解を見つけ出すことは人間よりもはるかに得意です。一方で、過去にデータが十分にない状態からの作業、発想にジャンプが求められる創造的な作業、チームで共創しながらアイデアをよりよくしていく作業は、苦手だといわれています。

つまり、これらの作業は、ＡＩと共生することが求められるこれからの時代において、人間がやらなければならず、かつ人間にしかできないものです。そして、この作業を行うための思考法を身につけることが必須になってきます。

これが、リボン思考の真髄です。

「正解のない問いに、共に挑む」というブランドデザインスタジオのコンセプトは、これからの社会では間違いなく、重要性が増していく考え方だと思います。

最後に、リボン思考を身につけて活用することは、冒頭で述べた教養人として生きることに近いと思っています。

これからの時代、多くのことを知っているだけでは、教養人にはなれません。他の人と交流するなかで、今までにない発想をしていく力が、これから必要とされる教養です。

気候変動、少子高齢化、貧困問題など、今の日本が直面している課題は、特定の分野の知識やデータの分析だけでは解決できない、複雑なものになっています。

これらを解決していくためには、個人が知識を増やすだけでなく、さまざまな考えをもつ人たちが集まり、新しいものを生み出していかなければなりません。

本書を通じて身につけた力を、仕事や研究だけでなく、幅広い場面で役立てていってください。

そして、より自由な人生を歩むための一助として頂けたら、大変うれしく思います。

2024年5月

東京大学大学院総合文化研究科長・教養学部長
真船文隆

参考文献

『アイデアのつくり方』 ジェームス・W・ヤング （CCCメディアハウス）

『経済発展の理論』 ヨーゼフ・シュンペーター （岩波書店）

『とっさの日本語便利帳』 知恵蔵編集部 （朝日新聞出版）

『デザインの思考過程』 ピーター・ロウ （鹿島出版会）

『発想する会社！』 トム・ケリー、ジョナサン・リットマン （早川書房）

『デザイン思考が世界を変える』 ティム・ブラウン （早川書房）

『続・発想法―KJ法の展開と応用』 川喜田 二郎 （中公新書）

『発想法―創造性開発のために』 川喜田 二郎 （中公新書）

『発想法の使い方』 加藤 昌治 （日経文庫）

『機会発見――生活者起点で市場をつくる』 岩嵜 博論 （英治出版）

『ビジネスで一番、大切なこと』 ヤンミ・ムン著、北川 知子訳 （ダイヤモンド社）

『心脳マーケティング』 ジェラルド・ザルトマン著、藤川 佳則・阿久津 聡訳 （ダイヤモンド社）

『スターバックス成功物語』 ハワード・シュルツ、ドリー・ジョーンズ・ヤング （日経ＢＰ）

『知の技法：東京大学教養学部「基礎演習」テキスト』 小林 康夫、船曳 建夫 （東京大学出版会）

『「知の技法」入門』 小林 康夫、大澤 真幸 （河出書房新社）

『東大エグゼクティブ・マネジメント デザインする思考力』 東大EMP、横山 禎徳 （東京大学出版会）

『アイデアのちから』 チップ・ハース、ダン・ハース著、飯岡 美紀訳 （日経ＢＰ）

『なぜ一流の経営者は即興コメディを学ぶのか？』 ケリー・レオナルド、トム・ヨートン、他 （ディスカヴァー・トゥエンティワン）

『インナーゲーム』 W・ティモシー・ガルウェイ （日刊スポーツ出版社）

執筆協力メンバー

本授業自体も共創スタイルで企画・運営されています。本書の制作にあたり多大なるご協力をいただいた授業の企画及び運営を共に行っている以下の仲間たち、熱心に参加してもらったすべての学生のみなさんにはあらためて感謝の意を表します。

東京大学×博報堂ブランドデザインスタジオ

監修
真船文隆　東京大学大学院総合文化研究科教授

授業プログラム運営
竹内慶　（株）博報堂　研究デザインセンター
山田聰　（株）博報堂　博報堂コンサルティング
ボヴェ啓吾　（株）博報堂　研究デザインセンター

授業運営協力
山上揚平　東京大学 教養学部教養教育高度化機構　特任講師

本書で引用した企画の学生メンバー

東京大学ブランドデザインスタジオ「井の頭線の未来を考える」
上野山沙良　稲垣健太郎
鳥居萌　内藤一洋　松尾和晃

東京大学ブランドデザインスタジオ「新しい渋谷土産」
栂野裕貴
中出未来之　佐伯康裕
山口海　出口達也
坪沼敬広　橋口恵子

BranCo!「新しい学び」 NML
伊藤望　大川将　福田沙季

BranCo!「旬のデザイン」 サバイバー
松隈太翔　小林大地　寺澤佑那

BranCo!「平和のデザイン」 マドトモ
小林颯　遠藤紘也
山道柊　立岡佑亮

BranCo!「遊びのデザイン」 遊びのへそくり Hesokuri
石田明子　小林ゆに
西岡凜　松尾ゆき

著者略歴

宮澤正憲（みやざわ・まさのり）

東京大学教養学部　教養教育高度化機構　特任教授
(株)博報堂　執行役員
東京大学文学部心理学科卒業。(株)博報堂に入社後、多様な業種の企画立案業務に従事。
2001 年に米国ノースウエスタン大学ケロッグ経営大学院（MBA）卒業後、ブランド及びイノベーションの企画・コンサルティングを行う次世代型専門組織「博報堂ブランド・イノベーションデザイン」を立上げ、経営戦略、新規事業開発、商品開発、空間開発、組織人材開発、地域活性、社会課題解決など多彩なビジネス領域においてコンサルテーション及び研究を行っている。同時に東京大学教養学部に籍を置き、発想力とチーム力を鍛える授業「ブランドデザインスタジオ」や大学生を対象にした発想のための教育コンテストBranCo!を企画・運営するなど高等教育とビジネスの融合をテーマに様々な教育活動を推進している。立教大学ビジネスデザイン研究科客員教授。(株)博報堂コンサルティング非常勤取締役。
主な著書に『「応援したくなる企業」の時代』（共著、アスキー・メディアワークス）、『ブランドらしさのつくり方―五感ブランディングの実践』（共著、ダイヤモンド社）、『「個性」はこの世界に本当に必要なものなのか』（共著、アスキー・メディアワークス）、『ビジネスを蝕む思考停止ワード44』（共著、アスキー・メディアワークス）、『だから最強チームは「キャンプ」を使う。』（共著、インプレスジャパン）、『MBA は本当に役に立つのか』（共著、東洋経済新報社）など多数。

SB新書　658

東《とう》大《だい》教《きょう》養《よう》学《がく》部《ぶ》が教《おし》える
考《かんが》える力《ちから》の鍛《きた》え方《かた》

2024年6月15日　初版第1刷発行

著　者　宮澤正憲《みやざわまさのり》
発行者　出井貴完
発行所　SBクリエイティブ株式会社
〒105-0001　東京都港区虎ノ門2-2-1
編集協力　高橋淳二
特別協力　真船文隆
装　幀　杉山健太郎
イラスト　加納徳博
本文デザイン DTP　株式会社 RUHIA
図　版　Isshiki
編　集　小倉 碧、飯銅 彩
印刷・製本　中央精版印刷株式会社

本書をお読みになったご意見・ご感想を下記URL、
または左記QRコードよりお寄せください。
https://isbn2.sbcr.jp/25368/

落丁本、乱丁本は小社営業部にてお取り替えいたします。定価はカバーに記載されております。
本書の内容に関するご質問等は、小社学芸書籍編集部まで必ず書面にて
ご連絡いただきますようお願いいたします。

ISBN978-4-8156-2536-8